Das grosse Buch der
Schweizer Rekorde

Das grosse Buch der Schweizer Rekorde

Impressum

© Otus Verlag AG, Wiesenstrasse 37, CH-9011 St. Gallen, 2012, www.otus.ch

Konzeption, Layout und Produktion:
BuddeMedien, Dortmund, www.budde-medien.de
Texte: Alexandra Sgro, Sandra Volmer und Berthold Budde

ISBN 978-3-03793-370-1

Alle Rechte vorbehalten, auch die des auszugsweisen Nachdrucks,
des öffentlichen Vortrags und der Übertragung in Rundfunk und Fernsehen.

Zu diesem Buch

In diesem reich illustrierten Buch sind die wichtigsten Rekorde, Superlative und Kuriositäten aus allen Regionen und Bereichen der Schweiz zusammengestellt. Die Einträge sind insgesamt 16 Themengebieten, jeweils mit eigenen Unterrubriken, zugeordnet – von Alltag & Freizeit bis Wirtschaft, von Bauen & Wohnen bis Verkehr, von Natur bis Städte & Regionen.

Vom grössten Gletscher, dem Aletschgletscher im Kanton Wallis (S. 100), bis zum ersten Schweizer Nobelpreisträger Henri Dunant (S. 117), von der kleinsten Bar der Welt in Graubünden (S. 42) bis zum mächtigsten eidgenössischen Wirtschaftskonzern Nestlé (S. 177), von der „stimmfaulsten" Gemeinde Trub im Emmental (S. 113) über den Schweizer Sportler mit den meisten Olympiamedaillen, dem Kunstturner Georges Miez (S. 136), bis zum teuersten Wohnort Küsnacht am Zürichsee (S. 172).

Dieses ebenso unterhaltsame wie informative bunte Kaleidoskop von Rekorden, Superlativen und Schweizer Eigentümlichkeiten bietet eine Fülle an interessanten Hintergründen und Erläuterungen.

Ein Verzeichnis aller vorgestellten Rekorde, Superlative und Kuriositäten sowie ein umfangreiches Register am Ende des Buches geben detaillierte Hinweise für einen gezielten Zugriff auf die zahlreichen Informationen.

Inhaltsverzeichnis

Zu diesem Buch 5

Alltag & Freizeit 8
    Bräuche & Sitten 10
    Feste & Feiern 14

Bauen & Wohnen 18
    Brücken & Tunnel 20
    Burgen & Schlösser 22
    Denkmäler & Gebäude 24

Bildung 28
    Schulen 30
    Universitäten 32

Essen & Trinken 34
    Speisen & Spezialitäten 36
    Spirituosen & Getränke 42

Forschung & Technik 44
    Forschung 46
    Handwerk & Technik 50

Geschichte 54
    Ereignisse & Personen 56
    Schlachten & Bündnisse 60

Gesellschaft 64
    Bevölkerung 66
    Skurriles & Exotisches 72

Kultur 74
    Bücher & Literatur 76
    Film & Fernsehen 78
    Kunst & Museen 80
    Medien 84
    Musik 86
    Theater & Oper 88

Natur 90
    Berge & Täler 92
    Flüsse & Seen 96

Höhlen & Gletscher	100
Pflanzen	102
Tiere	104

Politik … 108
Ämter & Personen … 110
Gesetze & Institutionen … 112

Prominente … 114
Geschichte … 116
Gegenwart … 122

Reisen … 124
Hotels & Restaurants … 126
Reiseziele & Routen … 128

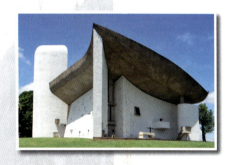

Sport & Spiel … 130
Berühmte Sportler … 132
Olympische Spiele … 136
Spiel & Spass … 138
Sportarten … 142
Sportstätten … 146

Städte & Regionen … 150
Orte & Kantone … 152
Städte … 154

Verkehr … 156
Bahnen … 158
Fahrzeuge & Routen … 162

Wirtschaft … 166
Arbeit & Soziales … 168
Banken & Versicherungen … 170
Luxus … 172
Uhren … 174
Unternehmen … 176

Verzeichnis der Rekorde und Superlative … 180
Register … 186
Bildnachweis … 192

Alltag & Freizeit

Karussell auf der Basler Herbstmesse

Alltag & Freizeit

Räbenlichterumzug

Laut „Guinness-Buch der Rekorde" fand in der Gemeinde Richterswil am Zürichsee der grösste Räbenlichterumzug der Welt statt. So wurden für den 14. November 1998 ganze 24 Tonnen Herbstrüben ausgehöhlt und mit 40 000 Kerzen bestückt. Der Räbenlichterumzug wird jeweils am zweiten Samstag im November als bäuerliches Dankopfer für das Einbringen der letzten Feldfrüchte vor Wintereinbruch begangen. Alle Anwohner der Umzugsroute sind verpflichtet, ihre Häuser mit Räben zu schmücken und die Lichter zu löschen.

Räbenlichterumzug in Richterswil

Männertracht

Die Appenzeller Sennentracht ist die bekannteste volkstümliche Männerbekleidung der Schweiz. Sie besteht aus leuchtend gelben Hosen, einem weissen Hemd, einer scharlachroten Weste und einem breitrandigen schwarzen Hut. Dazu

Laternen beim Räbenlichterumzug

werden weisse Strickstrümpfe und schwarze Schnallenschuhe getragen. Das silberbeschlagene Lindauerli, eine Tabakpfeife mit Deckel, und dazu ein Tabaksäckel aus weissem Leder mit Messingbeschlag am runden Boden, den sogenannten Backseckel, sind schmückende Accessoires. Die Appenzeller Sennentracht entstand im 19. Jahrhundert und wird an Festtagen wie Alpaufzug oder Kirchweih getragen.

Kränzlitracht

Die Kränzlitracht ist die älteste und bekannteste Sensler Tracht. Benannt ist sie nach dem glitzernden kleinen Kranz, der u. a. aus Pailletten, farbigen Stoffblümchen, Schaum- und Glasperlen besteht. Ursprünglich war sie die festtägliche Volkstracht der Töchter, bis sie Mitte des 19. Jahrhunderts zur kirchlichen Prozessionstracht umgewandelt wurde. Sie wurde bis in die 1960er-Jahre hinein vor allem an Marien- und anderen christlichen Festtagen getragen. Als Kreuzgangs- und Prozessionstracht wird sie heute nur noch in den Pfarreien Düdingen, Tafers und Heitenried getragen.

Den Berg hinauf in Appenzeller Sennentracht

Bräuche & Sitten

Schneeleopard

Brillenbär

Kleiner Panda

Löwe

Heim für wilde Tiere

Der Zoo der Stadt Zürich ist mit einer Fläche von 15 Hektar der grösste Tiergarten der Schweiz. Rund 3500 Tiere leben auf dem am 7. September 1929 eröffneten Areal in naturgetreuen Anlagen. Vom Südamerikanischen Grasland bis zum Himalaja-Gebirge sind verschiedenste Lebensräume mit insgesamt 340 Tierarten zu bestaunen. Bewohner des Zoo Zürich sind u. a. Gorillas, Orang-Utans, Löwen, Tiger, Nashörner, Indische Elefanten, Kleine Pandas, Ameisenbären, Faultiere, Königspinguine, Flamingos und die grellfarbigen Pfeilgiftfrösche. 1992 wurde ein neues Konzept für die Entwicklung des Zoos während der nächsten 20 Jahre festgelegt. Die Fläche des Zoos soll verdoppelt, die Artenzahl der Tiere aber beibehalten und praktisch jedes Gehege umgestaltet werden. Statt Tierarten sollen sie Lebensräume aus Eurasien, Südamerika und Afrika zeigen und den Tieren Rückzugsmöglichkeiten geben.

Seit 2012 im neuen tropischen Feuchtgehege im Züricher Zoo: Flamingo

Eingang des Zürcher Zoos vor dem geplanten Umbau

Königspinguine

Alltag & Freizeit

Traditionspflege in Hallwil

Die Gemeinde Hallwil im Kanton Aargau praktiziert einen in der Schweiz einmaligen Zyklus von fünf Winterbräuchen: das Chlauschlöpfen, Clausjagen, Wienachts-Chindli, Silväschtertrösche und der Bärzeli. Beim vorweihnachtlichen Chlauschlöpfen wird versucht, den Samichlaus durch laute Knalle mit speziellen Geisseln zu wecken. Das Chlausjagen findet Anfang Dezember statt. Sechs maskierte und schellenbehangene Knaben ziehen von Haus zu Haus, um Nüsse und Ruten zu verteilen sowie eine kleine Gabe einzuheimsen. Am Heiligabend oder 25. Dezember werden die Hallwiler vom Wienachts-Chindli besucht. Eine Gruppe von sieben Mädchen, von denen eines das Weihnachtskind darstellt, verteilen selbst gebackene Weihnachtschrömli (Kekse) und tragen den Familien ein einstudiertes Lied vor. Eine Woche später, in der Nacht vom 31. Dezember auf den 1. Januar, findet das Silväschtertrösche (Silvesterdreschen) auf dem Hallwiler Bruderhübel statt. Hierbei wird ein grosses Feuer von Männern mit Dreschflegeln gedroschen. Sie vertreiben auf diese Weise symbolisch das alte Jahr. Am nächsten Tag, dem 2. Januar, wird die Bevölkerung vom Krach der Bärzelibuben auf die Strasse gerufen.

De Stächpaumig in Hallwil

Osterspiel im Kloster Muri

Das älteste deutschsprachige Osterspiel wurde 1840 im Aargauer Benediktinerkloster Muri entdeckt. Der Text, der um 1250 entstand und nur noch als Fragment erhalten ist, befand sich in einer zweibändigen Vulgata-Ausgabe. Sprachanalysen ergaben, dass das Schauspiel aus dem mittleren oder westlichen Teil des hochalemannischen Raums stammt.

Kloster Muri

Vorderseite des Osterspiels

Bräuche & Sitten

Krippenspiel in St. Gallen

Das erste Krippenspiel stammt ebenfalls aus der Schweiz. Es entstand um 1300 in der Fürstabtei St. Gallen, die seit dem Jahr 1983 auf der Liste des Weltkulturerbes der UNESCO steht.

Narretei in Solothurn

Die Narrenzunft Honolulu ist die älteste Faschingsgesellschaft der Stadt Solothurn. Sie wurde erstmals 1853 urkundlich erwähnt. Die aktiven Zunftmitglieder eröffnen am 13. Januar eines jeden Jahres mit ihrer Generalversammlung die offizielle Fasnacht.

Stiftskirche St. Gallen

Alltag & Freizeit

Riesenrad auf dem Albanifest

Albanifest in Winterthur

Das Albanifest in Winterthur im Kanton Zürich ist mit einem Partyareal von mehr als 200 000 m² das grösste jährlich stattfindende Altstadtfest Europas. Es wird seit 1971 jedes Jahr am letzten Juniwochenende gefeiert. Fast jeder grössere lokale Verein ist auf dem Albanifest mit einem Stand oder einem Auftritt vertreten. Namensgeber ist St. Alban, einer der drei Winterthurer Stadtheiligen.

Badenfahrt alle zehn Jahre

Die Badenfahrt ist mit bis zu 1 Mio. Besuchern eines der grössten Feste der Schweiz und das mit Abstand grösste im Kanton Aargau. Organisiert wird es in der Regel nur alle zehn Jahre. Das Festgelände erstreckt sich über die gesamte Altstadt und umfasst auch Bereiche um den Bahnhof. Die etwa 110 kulinarischen Stände und Bierzelte werden mit viel Fantasie und Liebe zum Detail gestaltet. So wurde anlässlich der bislang letzten Badenfahrt im August 2007 u. a. ein griechischer Tempel, das Moulin Rouge und eine Klosterwirtschaft errichtet. Kulturelle Veranstaltungen wie Open-Air-Konzerte, Theateraufführungen, Umzüge und ein Feuerwerk über der Ruine Stein runden das Programm ab.

Basler Fasnacht mit „Morgestraich"

Die Basler Fasnacht ist die grösste der Schweiz. Sie dauert 72 Stunden und beginnt am Montag nach Aschermittwoch um 4 Uhr in der Früh mit dem „Morgestraich". Am Donnerstagmorgen um 4 Uhr klingen „die drey scheenschte Dääg" (die drei schönsten Tage) mit dem Endstraich aus. Während dieser Zeit ziehen an die 18 000 aktive Fasnächtler durch die Basler Innenstadt. Alle tragen Kostüme und Masken, die dem Thema der zugehörigen Clique angepasst sind. Manche zeigen Personen des öffentlichen Lebens, Comicfiguren oder Tiere. Traditionelle Verkleidungen sind der Harlekin, Alte Tanten oder Waggis-Larven, die einen Tagelöhner in der Arbeitstracht des Elsässer Gemüsebauern darstellen sollen.

Bundesfeier der Eidgenossen

Das wichtigste Schweizer Fest ist die Bundesfeier am 1. August. Sie ist ein gesetzlicher Feiertag und wird seit 1891 jedes Jahr im Gedenken an den Bundesbrief vom 1. August 1291 begangen. Viele Menschen schmücken ihr Haus mit der Bundesflagge, wobei jede Gemeinde ihre eigenen Traditionen pflegt. Abends ziehen die Kinder mit Lampions durch die Ortschaften und überall werden

Pfeifkonzert beim „Morgestraich"

Harlekin mit Piccoloflöte

Feste & Feiern

Alphornblasen bei der Bundesfeier in Laufenburg (Aargau)

Feuerwerke abgebrannt. Auf einigen Bergen und Anhöhen brennen meterhohe Holzkegel, die Augustfeuer. In der gesamten Schweiz läuten um 20 Uhr alle Kirchenglocken während einer Viertelstunde.

Luzerner Fasnacht mit „Urknall"

Das grösste jährlich stattfindende Fest Luzerns und der Zentralschweiz, die Luzerner Fasnacht, hat im Jahr 2009 allein 170 000 Menschen auf die Strassen gebracht. Der Karneval beginnt am Schmutzigen Donnerstag („Schmotzige Donnschtig"), dem Donnerstag vor Rosenmontag („Güdismäntig"), um 5 Uhr früh mit einer lauten Detonation am Schweizerhofquai. Ausgelöst wird der „Urknall" durch Bruder Fritschi, das imaginäre Oberhaupt der grössten und ältesten Zunft Luzerns, der „Zunft zu Safran". Nach dem traditionellen Orangenauswerfen beim Bourbaki-Panorama am Güdismäntig setzt sich dienstagabends der „Monstercorso" in Bewegung, ein riesiger Umzug, der über die Seebrücke und durch die Altstadt führt. Er ist der krönende Abschluss der Feierlichkeiten.

OpenAir St. Gallen

Das OpenAir St. Gallen ist das einzige der grossen Schweizer Festivals, das seit seiner Gründung im Jahr 1977 ununterbrochen stattgefunden hat. Ausserdem ist es das einzige

Alltag & Freizeit

Open Air sämtlicher deutschsprachiger Länder, das 2008 von der grössten britischen Festivalplattform in die Top Ten der beliebtesten europäischen Open-Air-Festivals gewählt wurde. Das OpenAir St. Gallen findet jährlich am letzten Juni-Wochenende im Naturschutzgebiet Sittertobel statt und bietet Musikbegeisterten ein besonderes Freiheitsgefühl, denn hier ist sowohl Campen als auch Grillen erlaubt.

Paléo Festival Nyon

Das alljährlich Ende Juli in Nyon im Kanton Waadt stattfindende Paléo Festival ist das grösste Open Air der Schweiz. Es wurde 1976 erstmals unter dem Namen „First Folk Festival" im alten Gemeindesaal von Nyon veranstaltet und zieht heute auf einem ca. 10 Hektar grossen Weidegelände weit über 200 000 Besucher an. Der Event wurde zehn Jahre nach seiner Gründung Paléo getauft, inspiriert von einem damals erfolgreichen Rennpferd mit gleichen Namen.

Street Parade in Zürich

Die grösste Techno-Party der Welt findet alljährlich am zweiten Augustsamstag entlang des Zürichsees statt. Die Street Parade zieht jeweils bis zu 1 Mio. Raver an, die zu den Klängen berühmter DJs tanzen. Erstmals wurde das Fest für die Fans elektronischer Musik am 5. September 1992 veranstaltet. Initiiert wurde die Street Parade von dem Mathematikstudenten Marek Krynski und als Demonstration für Liebe, Frieden, Freiheit, Grosszügigkeit sowie Toleranz bewilligt. In den letzten Jahren hat sich die Techno-Veranstaltung zu einem massgeblichen Wirtschaftsfaktor der Stadt Zürich entwickelt.

„Züri Fäscht" im Juli

Das bekannte „Fäscht" in der einwohnerstärksten Stadt des Landes ist das grösste Volksfest der Schweiz. Es wird seit 1976 durchgeführt und findet alle drei Jahre am ersten Juliwochenende in der City von Zürich statt. Flugshows, Jahrmärkte mit kulinarischen Köstlichkeiten aus aller Welt und Open-Air-Konzerte locken jedes Jahr rund 2 Mio. Zuschauer aus nah und fern an. Die Feuerwerke des „Züri Fäscht" gehören zu den prächtigsten in Europa. Die nächste Veranstaltung findet vom 5. bis 7. Juli 2013 statt.

Luftakrobatik beim „Züri Fäscht"

Eingangsbereich des Paléo Festivals in Nyon

Musik und gute Laune bei der Street Parade in Zürich

Feste & Feiern

Feuerwerk beim „Züri Fäscht"

Bauen & Wohnen

Johanniterbrücke in Basel

Bauen & Wohnen

Kreisviadukt bei Brusio

Das berühmteste Kreisviadukt der Welt befindet sich in Brusio, einer Gemeinde im Kanton Graubünden. Auf der 360°-Grad-Schleife gewinnt die Rhätische Bernina-Bahn auf der Fahrt nach der italienischen Stadt Tirano an Höhe, um den Berninapass zu überwinden. Die Differenz beträgt ungefähr 116 m.

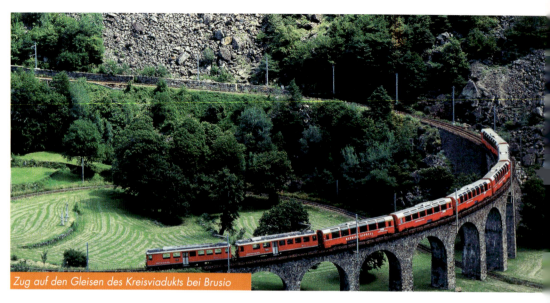
Zug auf den Gleisen des Kreisviadukts bei Brusio

Brückenrekord der Zukunft

Die Letzigrabenbrücke am Züricher Hauptbahnhof wird nach ihrer Fertigstellung 2015 die längste Eisenbahnbrücke der Schweiz sein. Sie wird 1156 m messen und zusammen mit der Kohlendreieckbrücke die Ausfahrt aus dem neuen Bahnhof Löwenstrasse in Richtung Westen bilden. Die Bauarbeiten begannen 2008 mit der Verlegung der Hochspannungsleitungen. Ein Jahr später wurden die ersten der 30 Pfeiler errichtet.

Rekordhalterin aus Holz

Die Kapellbrücke bei Luzern ist die älteste und mit etwa 205 m die längste überdachte Holzbrücke Europas. Das Wahrzeichen Luzerns wurde um 1365 gebaut und verbindet die durch die Reuss getrennte Alt- und Neustadt. Eine

Kapellbrücke in Luzern

Brücken & Tunnel

weitere Besonderheit der Kapellbrücke sind die 111 dreieckigen Gemälde in ihrem Giebel, die wichtige Szenen der Schweizer Geschichte darstellen. Neben der Spreuerbrücke und der Hofbrücke sind sie in dieser Verwendung einmalig. Nach dem verheerenden Brand 1993 wurde sie vollständig restauriert.

Projekt Gotthard-Basistunnel

Der zukünftig längste Eisenbahntunnel der Welt wird mit 57 km Länge der Gotthard-Basistunnel sein. Das Kernstück einer neuen Eisenbahnlinie durch die Alpen, die Erstfeld im Urner Talboden mit Bodio bei Biasca im Kanton Tessin verbinden soll, wird voraussichtlich im Dezember 2016 fertiggestellt. Mit allen Quer- und Verbindungsstollen zwischen der West- und Oströhre werden insgesamt 153,5 km Tunnelstrecke angelegt.

Triftbrücke im Kanton Bern

Seit ihrer Freigabe im Juni 2009 ist die Triftbrücke mit 170 m die längste Hängebrücke im Alpenraum. Sie dient Fussgängern in luftiger Höhe von 100 m zur Überquerung des Triftgletschers und ist nach dem Vorbild nepalesischer Dreiseilbrücken konstruiert.

Röhre des Gotthard-Tunnels

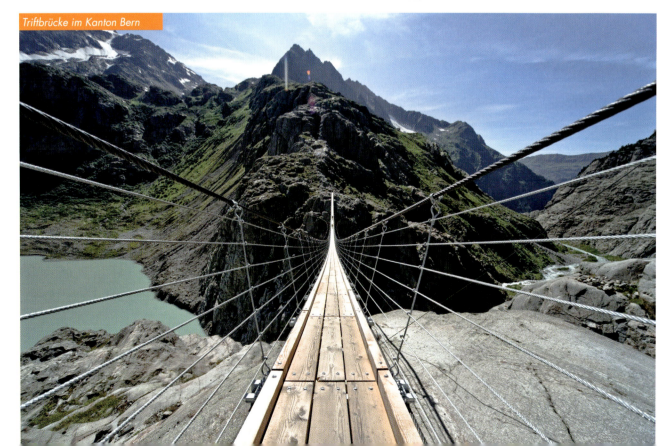

Triftbrücke im Kanton Bern

Bauen & Wohnen

Schloss Tarasp

Burg Innerjuvalt

Burgen, so weit das Auge reicht

Das Burgen-Eldorado der Schweiz ist Graubünden. Dutzende vollständig erhaltene Burgen oder Ruinen sind in dem Kanton zu besichtigen. Beliebte Ausflugsziele sind u. a. die Burg Belfort bei Brienz, die Burg Ringgenberg auf dem Gemeindegebiet von Trun und die Burg Innerjuvalt in der Gemeinde Rothenbrunnen.

Castello die Mesocco

Die grösste Burganlage der Schweiz ist die Ruine Castello di Mesocco im Kanton Graubünden. Sie erstreckt sich in 752 m Höhe über einen mächtigen Felsen südlich des Dorfes Mesocco im Misox. Die Anlage besteht aus vier Teilen: der Vorburg im Nordosten, der Hauptburg auf dem Felsplateau, der Kernburg Rocca innerhalb der Hauptburg und der Kirche S. Carpoforo. Erstmals erwähnt wurde das Castello 1219 in einem Stiftungsbrief.

Schloss Burgdorf

Die grösste und besterhaltene Burganlage des zähringischen Adelsgeschlechts ist das Schloss Burgdorf in der gleichnamigen Stadt im Kanton Bern. Um 1200 auf Geheiss Herzog Berchtolds V. von Zähringen (1160–1218) erbaut, thront es seitdem auf einem mächtigen Felsen. Der Bergfried und der Palas aus der zweiten Hälfte des 12. Jahrhunderts gehören zu den frühesten Back-

Burg Mesocco

Schloss Burgdorf

Burgen & Schlösser

Schloss Brandis

Burg Tschanüff

steinbauten der Schweiz. Die Anlage beherbergt u. a. das Schlossmuseum, das Museum für Völkerkunde und das Helvetische Goldmuseum.

Wasserburg Chillon am Genfersee

Das malerische Schloss Chillon ist die berühmteste Wasserburg der Eidgenossenschaft. Fünf Kilometer südöstlich von Montreux auf einer Felseninsel am Ostufer des Genfersees gelegen, ist sie mit 300 000 Besuchern pro Jahr das meistbesuchte historische Gebäude der Schweiz. Ausserdem zählt sie dank ihrer reich gegliederten Bauform und der pittoresken Lage zu den beliebtesten landschaftlichen Bildvorlagen in der westlichen Schweiz.

Schloss Habsburg

Die berühmteste Stammburg der Habsburger-Herrscherdynastie ist das Schloss Habsburg in der gleichnamigen Schweizer Gemeinde im Kanton Aargau. Sie liegt auf einer Höhe von 505 m ü. M. auf einem langgestreckten Hügelkamm des Wülpelsbergs und soll um 1025 vom Grafen Radbot (985–1045) gegründet worden sein. Die Habsburger lebten hier rund 200 Jahre, bis sie die Burg 1220/30 wegen zu kleinen Räumlichkeiten verliessen. Seit 1804 ist die Habsburg im Besitz des Kantons Aargau. Als Bauwerk von nationaler Bedeutung besitzt sie den höchsten Denkmalschutzstatus, der in der Schweiz vergeben wird.

Wasserschloss Chillon

Schloss Habsburg

Bauen & Wohnen

Cathédrale Notre-Dame in Lausanne

Altarraum der Lausanner Kathedrale

Prähistorischer Fundort

Die älteste Pfahlbausiedlung der Schweiz ist der Kleine Hafner aus dem Jahr 4400 v. Chr. Der Siedlungsplatz befindet sich auf einer Halbinsel im unteren Becken des Zürichsees auf dem Gebiet der Stadt Zürich. Da der Seespiegel (406 m ü. M.) aufgrund von Klimaveränderungen höher ist als während der Stein- und Bronzezeit, liegt die Fundstelle heute 3 m unter der Wasseroberfläche. Die Siedlung Kleiner Hafner dürfte ungefähr 0,1 Hektar umfasst haben – rund 3000 Pfähle, d. h. etwa 22 Pfähle pro Quadratmeter.

Vorreiter der Gotik

Die Cathédrale Notre-Dame in Lausanne ist der bedeutendste frühgotische Bau der Schweiz. Die 1275 geweihte Bischofskirche und heutige reformierte Hauptkirche der Stadt beeinflusste massgeblich die Entwicklung der gotischen Baukunst in der Region. Besondere Kennzeichen der Basilika sind die uneinheitlich gestalteten Stützen des Langhauses und die Fensterrose aus dem 13. Jahrhundert, die die gesamte damals bekannte Welt darstellt.

Santa Maria degli Angioli

Die im Jahr 1500 vollendete Kirche Santa Maria degli Angioli in Lugano ist der bedeu-

„Die Kreuzigung" in Santa Maria degli Angioli

Denkmäler & Gebäude

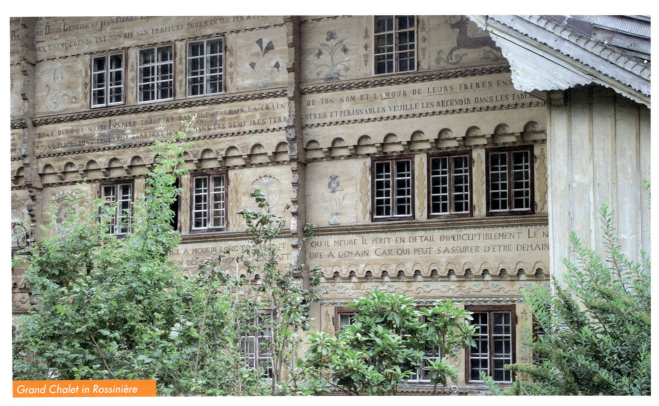
Grand Chalet in Rossinière

tendste Sakralbau der Schweiz, denn sie enthält die schönsten Fresken der Renaissance. Die Bilder „Das Abendmahl", „Kreuzigung Christi" und „Die Muttergottes mit Kind" im Innern der Kirche wurden von Bernardino Luini, einem Schüler Da Vincis, gemalt. Letzteres nimmt die ganze Wand des Kirchenschiffes ein und besticht durch die grosse Ausdruckskraft der einzelnen Szenen.

Grand Chalet

Das Grand Chalet in der waadtländischen Gemeinde Rossinière ist mit einer Grundfläche von 500 m² das grösste historische Holzhaus Europas. Das fünfstöckige Gebäude wurde um 1754 vom Zimmermeister Joseph Geneyne für Jean-David Henchoz gebaut. Es hat 113 Fenster und eine reich dekorierte Fassade. Im Jahr 1852 wurde das Grand Chalet zu einem Hotel umgebaut und beherbergte Berühmtheiten wie den französischen Schriftsteller Victor Hugo. Bis ins Jahr 2001 bewohnte der Maler Balthasar Klossowski von Rola mit seiner Frau Gräfin Setsuko das Haus, welches er im Jahr 1976 gekauft hatte.

Chutzenturm

Der Chutzenturm ist mit einer Höhe von 45 m der höchste Holzturm der Schweiz. Er steht im namensgebenden Gebiet Chutzen auf dem 820 m hohen Hügelzug Frienisberg im Kanton Bern.

Chutzentrum auf dem Frienisberg

Bauen & Wohnen

Seit seiner Eröffnung am 26. Juni 2010 können Besucher die 234 Treppenstufen erklimmen und auf drei Aussichtsplattformen von jeweils 15 m, 30 m bzw. 40 m Höhe den Ausblick über das waldreiche Gebiet rund um die Gemeinde Seedorf geniessen. Der Chutzenturm besteht u. a. aus 460 m³ Douglasien- und Eichenholz.

Letzter Bierstopp vor dem Himmel

Die höchstgelegene Brauerei Europas ist die Gaststättenbrauerei Monstein im gleichnamigen Walserdorf in Davos. Auf 1626 m ü.M. wird hier seit 2001 das beliebte Monsteiner Bier gebraut. Die erste Schaubrennerei Graubündens befindet sich in der ehemaligen Dorfsennerei, einem Gebäude, das vor über 100 Jahren errichtet wurde.

Hammetschwandlift

Der höchste Freiluft-Aufzug Europas steht ebenfalls in der Schweiz. 119 m misst der Hammetschwandlift, der einen spektakulären Felsenweg mit dem Aussichtspunkt Hammetschwand (1132 m ü. M.) auf dem Bürgenstock verbindet. Der metallene Gitterturm steht auf dem Gebiet des Kantons Luzern, wogegen das Bergplateau bereits zu Nidwalden gehört. Er ist auf einem Felsschacht aufgesetzt, sodass der Lift einen Höhenunterschied von 152,8 m überwindet. Während der Fahrt, die etwa 50 Sekunden dauert, hat der Fahrgast dank der verglasten Kabine eine uneingeschränkte Sicht auf den Vierwaldstättersee, die Voralpen und einen Teil der Alpen. Abends werden 16 Lampen am Gitterturm eingeschaltet.

Hammetschwandlift auf dem Bürgenstock

Holzkuppelbau

Der Saldome 2 in Riburg im Kanton Aargau ist der grösste Holzkuppelbau Europas. Das im Mai 2012 eingeweihte Lager der Schweizer Rheinsalinen für 100 000 Tonnen Streusalz ist 31,6 m hoch und hat eine Spannweite von 120 m. Die Grundfläche beträgt mehr als 11 000 m². Für die Konstruktion aus dem Naturstoff Holz wurden im Rheinfelder Forst rund 500 Fichten gefällt.

Denkmäler & Gebäude

Haus Bethlehem in Schwyz

Haus Bethlehem

Das älteste Holzwohnhaus Europas steht in der Gemeinde Schwyz. Im Jahr 1287 wurde das Haus Bethlehem erbaut, vier Jahre bevor die Schweizer Eidgenossenschaft gegründet wurde. Seitdem hat es viele kleinere und grössere Katastrophen überstanden, z. B. einen Brand, dem im 17. Jahrhundert ein Teil des damaligen Ortes zum Opfer fiel. Bis in die 1980er-Jahre hinein wurde das Gebäude bewohnt, heutzutage dient es auf dem Gelände der Ital-Reding-Hofstatt als Museum. Das Haus Bethlehem gehört zu einer Gruppe von einem Dutzend historischen Häusern im Kanton Schwyz. Sie zählen zu den ältesten ihrer Art in Europa. Die meisten dieser Häuser sind heute noch bewohnt – vielleicht der wichtigste Grund, warum sie sich so lange halten konnten.

Treppenaufstieg neben der Niesenbahn

Holz – der vielseitige Rohstoff

Treppen-Weltrekord

Die längste Treppe der Welt ist die neben der Eisenbahnstrecke der Niesenbahn hinaufführende Niesentreppe im Berner Oberland. Die Diensttreppe der Standseilbahn von Mülenen besitzt 11 674 Stufen und ist für die Öffentlichkeit nur beim jährlichen Niesentreppenlauf zugänglich, bei dem die Läufer ganze 1643 m Höhenunterschied überbrücken müssen.

Bildung

Parc des Bastions der Universität Genf

Bildung

Handweberei in Santa Maria

Die kleinste Berufsschule der Schweiz ist die Handweberei Tessandra in Santa Maria Val Müstair, einem strukturschwachen Tal im Kanton Graubünden. Sie wurde 1928 vom reformierten Pfarrer Rudolf Filli, der der Abwanderung junger Leute entgegenwirken wollte, ins Leben gerufen. Erste Leiterin der Tessanda war Fida Lori (1897 bis 1952), seit 2008 ist Petra Haldimann in dieser Funktion tätig. Der Betrieb verfügt über 25 historische Webstühle, von denen etwa 18 (Stand: 2012) genutzt werden.

Gewerbliche und industrielle Ausbildung

Die grösste Berufsschule der Schweiz ist die Gewerblich Industrielle Berufsschule Bern. Über 7000 Schüler werden in den sieben Gebäuden, die in der gesamten Bundeshauptstadt verteilt sind, unterrichtet. Der Lehrstoff entstammt rund 60 verschiedenen Ausbildungsberufen. Dazu gehören die Bereiche Bauberufe, Gewerbe-, Dienstleistungs- und Laborberufe, Informations- und Elektrotechnik sowie mechanisch-technische Berufe.

Klosterschule St. Gallen

Die älteste Schule im deutschen Sprachraum ist die Klosterschule in St. Gallen. Sie wurde vermutlich Anfang des 8. Jahrhunderts von dem Abt Otmar von St. Gallen gegründet. Nachdem die Klosterschule im Jahr 1805 wegen der Auflösung der Fürstabtei St. Gallen geschlossen wurde, erfolgte dann die Wiedereröffnung 1808/09 als „Gymnasium kath. Fundation" und „Bürgerschule". Seit der Gründung der Kantonsschule am Burggraben (1856) wird sie als Sekundarschule geführt.

Gewerblich-industrielle Ausbildung von jungen Frauen...

... und jungen Männern, unter der Leitung erfahrener Fachkräfte

Auch Bücherwissen ist gefragt.

Weben – eines der ältesten Handwerke

Schulen

Alte Kantonsschule

Die im Jahr 1802 gegründete Alte Kantonsschule in Aarau ist das älteste nichtkirchliche Gymnasium der Schweiz. Heute besteht es aus fünf nach berühmten Persönlichkeiten benannten Gebäuden: dem Karl-Moser-, Albert-Einstein-, Paul-Karrer-, János-Tamás- und Frank-Wedekind-Haus sowie der modernen Sportanlage Telli. Im Albert-Einstein-Haus mit seiner Sternwarte findet jedes Jahr ein kostenloser Astronomiekurs statt. Im zweiten Stock an der Ostfassade befinden sich anstelle von Fenstern allegorische Bilder der Wissenschaften, auf welche das ehrwürdige Gymnasium vorbereitet: Jurisprudenz, Medizin, Theologie und Philosophie. An der Westfassade zeigten früher Bilder Allegorien der drei Richtungen, auf die die Gewerbeschule vorbereitet: Mathematik und Naturwissenschaften, Technik und Handel.

Kantonsschule in St. Gallen

„Tiptopf"-Kochbuch

Mit 2 Mio. Exemplaren ist das Kochbuch „Tiptopf", das mit Abstand meistverkaufte Schulbuch der Schweiz. Es wurde 1986 vom schweizerischen Schulbuchverlag für den Hauswirtschaftunterricht entwickelt. Der Kassenschlager erschien im Jahr 2011, genau ein Vierteljahrhundert später, in der 22. Auflage. Das zweimillionste Exemplar wurde im September 2011 ausgeliefert. „Tiptopf" enthält auf über 400 Seiten neben Kochrezepten zahlreiche Tipps zum Kochen und Backen sowie Hinweise zu Menüplanung und Ernährungslehre in leicht verständlicher Form.

Kochbuch-Bestseller

Probieren gehört zum Kochen dazu.

Bildung

Gebäude der Universität Basel am Rheinufer

Universität Basel
Die Universität Basel ist die älteste Hochschule in der Schweiz. Sie wurde 1460 im Zusammenhang mit dem Basler Konzil gegründet. Die Stiftungsurkunde in Form einer päpstlichen Bulle von Papst Pius II. stammt vom 12. November 1459, die Gründungsfeier fand am 4. April 1460 statt. Am nächsten Tag begann der Unterricht. Ursprünglich lagen sämtliche Hörsäle der Universität Basel am Rheinsprung. Heute sind die Fakultäten über die Innenstadt verteilt. Die Universitätsbibliothek, die 1471 erstmals schriftlich erwähnt wurde, ist mit über 3 Mio. Büchern und Schriften eine der bedeutendsten Bibliotheken der Schweiz.

Universität Zürich
Die grösste der zehn Schweizer Hochschulen ist die Universität Zürich mit über 26 000 Studierenden, rund 7800 Mitarbeitern sowie 150 Instituten, Seminaren und Kliniken. Im Jahr 1833 als Volluniversität gegründet, vereint sie unter ihrem Dach die klassischen Fakultäten: Theologie, Rechtswissenschaften, Wirtschaftswissenschaften, Medizin, Veterinärmedizin, Philosophie und Mathematik. Mit etwa der Hälfte aller Studierenden ist die Philosophische Fakultät die grösste der Universität.

Universität Freiburg
Die einzige zweisprachige Hochschule der Schweiz ist die Universität Freiburg im Grenzgebiet zwischen Deutsch- und Westschweiz. Die meisten der Studiengänge werden sowohl in Deutsch als auch in Französisch abgehalten, was Studenten aus allen Kantonen und Erdteilen anzieht. Etwa die Hälfte der Studierenden sind deutsche, 29% französische und 8% italienische Muttersprachler.

Kaderschmiede in Zürich
Die ETH Zürich hat von allen Schweizer Universitäten bislang die meisten Nobelpreisträger hervorgebracht. Bis Sommer 2012 hatten insgesamt 21 ehemalige Studenten

Modernes Lernen mit dem Laptop

oder Lehrende der Eidgenössischen Technischen Hochschule bereits den hochdotierten Preis entgegennehmen dürfen. Zu ihnen zählen u. a. die Physiker Wilhelm Konrad Röntgen, Albert Einstein und Felix Bloch sowie die Chemiker Alfred Werner, Richard Kuhn und Kurt Wüthrich. Die ETH bietet in 16 Departementen 23 Bachelor- und 40 Masterstudiengänge an.

Eingangsseite der Universität Zürich

Universitäten

Hauptgebäude der ETH Zürich

Schweizer Ärztin aus Russland

Die in Russland geborene Nadeshda Suslowa (1843–1918) war die erste Frau, die im deutschen Sprachraum promovierte. Da Frauen im Zarenreich das Studieren verwehrt war, ging Suslowa 1866 an die Universität Zürich um Medizinerin zu werden. Damit ist sie gleichzeitig auch die erste Russin, die sich an der Schweizer Hochschule immatrikulieren durfte. Nach ihrer Promotion zog sie mit ihrem Schweizer Ehemann, dem Zürcher Augenarzt Friedrich Erismann, nach Sankt Petersburg, wo sie als erste Frau Russlands eine eigene Praxis für Gynäkologie und Pädiatrie eröffnete.

Pionierin der Schweizer Juristerei

Die erste promovierte Juristin der Schweiz war Emily Kempin-Spyri (1853–1901), Nichte der „Heidi"-Autorin Johanna Spyri. Im Juli 1887 promovierte sie an der Universität Zürich zur ersten Doktorin der Rechte Europas, durfte anschliessend als Frau jedoch nicht den Anwaltsberuf praktizieren. Ihr Versuch vor dem Bundesgericht eine Uminterpretation des Artikels 4 der Bundesverfassung zu erlangen, wurde mit den Worten „ebenso neu als kühn" abgewiesen. Deshalb wanderte Kempin-Spyri nach New York aus, wo sie an einer von ihr gegründeten Rechtsschule für Frauen unterrichtete. Auf Drängen ihres Mannes musste sie aber nach kurzer Zeit in die Schweiz zurückkehren. Dort starb sie schliesslich verarmt und entmündigt in einer Basler Nervenheilanstalt. Späte Ehre wurde ihr u. a. im Rahmen eines Festakts am 22. Januar 2008 in der Universität Zürich zuteil. Ein Denkmal der Künstlerin Pipilotti Rist im Lichthof soll an die erste juristische Doktorandin der Schweiz, die sich für die Gleichberechtigung der Frau einsetzte, erinnern.

Der verdiente Lohn allen akademischen Lernens – das Diplom

Essen & Trinken

Rotwein aus der Schweiz

Essen & Trinken

Fonduetopf

Überbackene Leckereien im Raclettepfännchen

Das Schweizer Nationalgericht

Das international bekannteste Gericht aus der Schweiz ist mit Abstand das Käsefondue. Die Mischung aus geschmolzenem Käse, Weisswein, Stärke, einem Schuss Obstbrand, Knoblauch und Pfeffer wird je nach Region in unterschiedlichen Variationen genossen. Vor allem die verwendete Käsesorte ist wesentlich. In das Appenzeller Fondue gehört beispielsweise nur Appenzeller, wohingegen im Kanton Freiburg nur Freiburger Vacherin verwendet wird. In Genf mischt man zwei Teile Greyerzer mit einem Teil Raclettekäse. Nationalgericht der Schweiz ist das Käsefondue erst seit den 1950er-Jahren. Damals erschien das Rezept in einem Armeekochbuch und wurde so in allen Landesteilen bekannt. Seitdem ist das Gericht, das in einem Keramiktopf (Caquelon) mit Brot und langen Gabeln serviert wird, von keiner geselligen Schweizer Tischrunde mehr wegzudenken.

Käse in Massen

Das grösste Käsefondue der Welt wurde am 25. Oktober 2008 am Comptoir von Morges im Kanton Waadt zubereitet. In einem Caquelon mit einem Durchmesser von 1,80 m wurden fast 1397 kg Käse geschmolzen und anschliessend mit 800 kg Brot von über 3000 Menschen verzehrt.

Konkurrent des Käsefondues

Die international berühmteste Spezialität aus der Romandie ist das Raclette. Das erstmals in mittelalterlichen Klosterhandschriften erwähnte Käsegericht, fand sogar Eingang in das Kinderbuch „Heidi" von Johanna Spyri, wird dort jedoch als „Käsebraten am Spiess" bezeichnet. Die Zubereitungsart hat sich über die Jahrhunderte stark verändert. Wird Raclette heute aus den Käsesorten Raclette Suisse und Valdor auf speziellen Tischöfen zubereitet und mit Gschwellti (Pellkartoffeln), sauren Gurken, Essigzwiebeln sowie Senffrüchten serviert, wurde ursprünglich ein halber Laib Gommer Käse so nahe ans Feuer gelegt, dass er langsam zu schmelzen begann. Der geräucherte und gegrillte Käse erhielt auf diese Weise seinen unverwechselbaren Geschmack.

Löchrig und beliebt

Der international bekannteste Schweizer Käse ist der Emmentaler. Bis Anfang des 19. Jahrhunderts wurde der Emmentaler in der gleichnamigen Hügellandschaft im

Käsefondue – der Schweizer Klassiker

Speisen & Spezialitäten

Emmentaler – der mit den Löchern

Berner Mittelland aus Rohmilch und in Laiben von 70 bis 120 Kilogramm hergestellt. Heute ist er ein Weltbürger und wird in den meisten käseherstellenden Ländern produziert. Das Schweizer Original trägt den geschützten Begriff „Emmentaler AOC" bzw. „Emmentaler Switzerland®", ist mindestens vier Monate gereift und aus besonders würziger Rohmilch, so dass er je nach Reifezeit wesentlich kräftiger schmeckt als Imitate aus dem Ausland. Der Fettgehalt des Hartkäses beträgt 45%.

Von wegen alter Käse...

Der Sbrinz ist die älteste, noch heute hergestellte Käsesorte der Schweiz und gehört zu den ersten Käseprodukten Europas. Seine Wurzeln reichen weit ins 16. Jahrhundert zurück. Damals wurde der aromatische Hartkäse bereits auf Saumpfaden alpenüberquerend von Luzern nach der norditalienischen Stadt Domodossola gebracht. Er wird noch heute nach traditioneller Methode in Handarbeit hergestellt und enthält ausser Rohmilch, Lab und Salz keine weiteren Zusatzstoffe. Da Sbrinz sehr trocken ist, eignet er sich ausgezeichnet als Reibkäse oder wird als Möckli (Bröckchen) zu Apfelwein genossen. Um Möckli herzustellen wird ein sogenannter Sbrinz-Stecher verwendet.

L'Etivaz

Der L'Etivaz war im Jahr 2000 die erste schweizerische Käsesorte, die in das Eidgenössische Register der Ursprungsbezeichnungen und geografischen Angaben (AOC) eingetragen wurde. Die Rohmilch für den würzigen Alpkäse aus dem Kanton Waadt wird nicht ins Tal transportiert, sondern direkt vor Ort über dem Holzfeuer verarbeitet.

Glarner Schabziger

Der Glarner Schabziger gilt als ältestes Markenprodukt der Schweiz. Die Käsesorte soll im Kanton Glarus bereits im 8. Jahrhundert hergestellt worden sein. Damals wurde im Kloster Säckingen Molkenkäse, sogenannter Ziger, mit dem stark aromatischen Schabzigerklee gewürzt, den Kreuzfahrer aus dem Orient mitgebracht hatten. Ab 1463 prägten ihm die dortigen Stiftsdamen den ersten überlieferten Markennamen der Schweiz auf, um ihn vor Nachahmung zu schützen. Noch heute wird der Glarner Schabziger gerne genossen, jedoch nicht „am Stück" gegessen, sondern hauptsächlich zum Würzen von Speisen verwendet, z. B. von Zigerhörnli (Teigwaren mit Ziger gewürzt), Zigerbrüt (Butterbrot mit Ziger) oder Zigerfondue (Käsefondue mit Zigerzugabe).

And the winner is...

Der Greyerzer bzw. Le Gruyère ist der erste Käse, der bei den World Cheese Awards in London dreimal (1992, 2002 und 2005) den

L'Etivaz – Alpkäse aus dem Waadt

Essen & Trinken

Rösti mit Apfelkreationen

Titel „Bester Käse der Welt" gewann. Der Schweizer Hartkäse, dessen Herstellung sich bis in das Jahr 1113 zurückverfolgen lässt, gewann auch in den USA beim World Championship Cheese Contest 2006 die Goldmedaille.

Schweizer Kartoffelkreation

Auch ein Kartoffelgericht hat es auf die Hitliste der international bekanntesten Schweizer Gerichte geschafft: Rösti. Die Spezialität aus der Deutschschweizer Küche ist ein in heisser Butter ausgebackener Fladen aus geriebenen rohen oder gekochten Kartoffeln. Er kann durch diverse Zutaten wie Zwiebeln, Speck, Kräuter, Äpfel, Käse oder Gemüse verfeinert werden. Rösti entstanden vermutlich in der ersten Hälfte des 19. Jahrhunderts in der Region um Zürich. Als Röstigraben wird seitdem scherzhaft die Grenze zwischen der deutsch- und der französischsprachigen Schweiz bezeichnet.

Das Würzige muss ins Eckige

Das Schweizer Unternehmen Maggi war im Jahr 1909 das erste, das Brühwürfel mit Würze aus denaturiertem Pflanzeneiweiss herstellte. Zuvor wurden sie aus Fleischextrakt erzeugt. Deshalb haben sich die Maggi-Würfel aus dem Kanton Zug gegenüber ihren Vorgängern, den in den 1880er-Jahren erfundenen englischen Liebig-Würfeln, durchsetzen können.

Fleischplatte mit Vergangenheit

Die einzige Fleischplatte der Schweiz mit historisch verbürgter Geburtsstunde ist die Berner Platte. Das üppige

„Maggikraut" Liebstöckel

Herzhafte Berner Platte

Gericht wurde erstmals am 5. März 1798 zubereitet, als die Berner bei der Schlacht von Neuenegg die Franzosen in die Flucht geschlagen hatten. Um diesen Sieg zu feiern, steuerte die Gemeinde das Beste an Lebensmitteln bei, was ihre Vorratskammern im Spätwinter hergaben. Heute besteht das Fleischgericht aus separat zubereiteten Fleisch- und Wurstsorten wie Rindfleisch, geräucherter Schweine- und Rinderzunge und geräuchertem Bauchspeck, Rippli (Kasseler), Schüfeli (Schweineschulter), Gnagi (Eisbein), Zungenwurst und Schweineohren oder -schwänzen, die gekocht mit Sauerkraut, sauren Rüben, grünen Bohnen und Salzkartoffeln auf einer grossen Platte angerichtet werden.

Zürcher Geschnetzeltes

Das international bekannteste Gericht der Stadt wurde erstmals 1947 in einem Kochbuch erwähnt. Dort wird es als Ragout aus Kalbfleisch, Weisswein, Rahm und Fleischsauce beschrieben. Heutzutage sind Varianten mit Champignons und Kalbsnieren beliebt. Dazu werden meist Rösti oder Kartoffelpüree serviert.

Speisen & Spezialitäten

Vollwerternährung – Müesli mit Erdbeeren

Pioniere der Vollwerternährung

Müesli, das weltweit berühmteste Rohkost-Frühstück, stammt ursprünglich aus der Schweiz. Um 1900 entwickelte es der Aargauer Arzt Maximilian Oskar Bircher-Benner als Vollwertdiät in seinem Sanatorium „Lebendige Kraft" am Zürichberg. Er hatte sich zu dem Mus aus Haferflocken, Äpfeln, Zucker, Zitronensaft und gezuckerter Kondensmilch bei einer Bergwanderung inspirieren lassen. So hatte eine Sennerin ihm während einer Rast ein ähnliches Gericht serviert. Bereits in den 1920er-Jahren stand das Birchermüesli auf den Speisekarten vegetarischer Restaurants. Heute ist es von keinem europäischen Frühstückstisch mehr wegzudenken.

Die ältesten Brote der Welt

Die Schweiz besitzt die meisten urgeschichtlichen Brote der Welt. Der Berner Brotforscher Dr. Max Währen identifizierte 1982 in Twann am Bielersee das damals älteste Brot aus der Zeit von 3560 bis 3530 v. Chr. Rund 16 Jahre später wies er ein noch älteres Exemplar nach. Das Weizenbrot aus neuenburgischem Boden nahe des Flusses Zihl stammt aus der Zeit von 3719 bis 3699 v. Chr., hat einen Durchmesser von 82 bis 85 mm und wiegt 20 g.

Vielfalt an Broten

Tessin: Kanton der Marroni

In keinem Schweizer Kanton wachsen so viele Edelkastanien wie in Tessin. Ihre essbaren Früchte Marroni schmecken süss und haben im Gegensatz zu anderen Nussarten einen hohen Kohlenhydratgehalt. Sie sind glutenfrei und können so, zu Mehl verarbeitet, von Zöliakie-Patienten als Getreideersatz verwendet werden. Marroni werden u. a. zu Püree, Pasta, Brot, Polenta, Gebäck und Müesliflocken verarbeitet. Sogar Bier kann aus ihnen gebraut werden. Als Süssspeise sind die Edelkastanien aus dem Tessin kandiert in Eiscreme, Pudding oder Mousse wiederzufinden. Weit verbreitet sind sie geröstet und werden im Winter auch auf den Strassen verkauft.

Edelkastanien aus dem Tessin

Cailler machte Schokoträume wahr

Die erste Tafelschokolade der Welt wurde von der Schweizer Unternehmerfamilie Cailler produziert. Im Jahr 1819 gründete der Chocolatier François-Louis Cailler in Corsier-sur-Vevey das bekannte Handelsunternehmen für Kakaopulver und Schokolade. Wenig später wurde die erste Schweizer Schokoladenfabrik mit industrieller Fertigung

Essen & Trinken

Süsse Verführungen aus Schokolade

Speisen & Spezialitäten

gebaut. Als 1898 der Umzug nach Broc im Kanton Freiburg stattfand, war Cailler die umsatzstärkste Firma der Schweizer Schokoladenindustrie. Obwohl sie seit 1929 zu Nestlé gehört, ist sie bis heute autonom und erfreut Schleckermäuler nicht nur in der Schweiz mit Schokoladenkreationen wie Frigor, Fémina und Ambassador.

Süsser Rekord

Das grösste Schokoladenmosaik der Welt entstand am Valentinstag 2011

am Flughafen Zürich. Ganze 18,35 m² mass das Prunkstück des Schokoladenherstellers MySwissChocolate.ch, das aus insgesamt 1500 Tafeln bestand. Rote und weisse Tafeln bildeten zusammen den nicht gerade schweizerischen Spruch „I love you".

Schokoladenkreation aus Lausanne

Die Schweiz ist auch das Ursprungsland der Haselnussschokolade. Der Grosshändler für koloniale Lebensmittel Charles-Amédée Kohler (1790–1874) begann 1830 mit der Produktion eigener Schokoladensorten. Bei einem seiner Versuche mit verschiedenen Zutaten benutzte er geröstete Haselnüsse und stellte fest, dass das Ergebnis sehr schmackhaft war. Er produzierte die neue Schöpfung zusammen mit seinen Söhnen in Lausanne. Bis heute gehört die Haselnussschokolade zu den beliebtesten Sorten.

Das Süsse muss ins Eckige

Der Würfelzucker wurde von Jakob Christoph Rad, einem gebürtigen Rheinfeldener (Kanton Aargau), erfunden. Der Leiter einer Zuckerfabrik im mährischen Datschitz (heute Tschechien) entwickelte ihn um 1830, indem er ein Modell aus Blechstreifen schuf, das einer Schale für Eiswürfel ähnelte, und winzige,

Würfelzuckerstücke

leicht angefeuchtete Stücke Zucker hineinfüllte. Auf diesen Grundüberlegungen produzierte er die erste Würfelzuckerpresse, die er ab dem 23. Januar 1843 wirtschaftlich nutzen durfte. Grund für die Erfindung des Würfelzuckers war die bis dahin übliche unpraktische Zuckerform: des 1,50 m hohen Hutzuckers in Kegelform. Aus ihm mussten kleinere Stücke mit einer speziellen Zuckerhacke herausgebrochen werden. Dabei kam es oft zu Verletzungen an den Händen.

Haselnüsse für die Schokolade

Küchengeräte von der Zyliss AG

Die Schweizer Firma Zyliss ist Erfinder gleich dreier Küchengeräte, die die Hausarbeit weltweit vereinfacht haben: der Knoblauchpresse (1948), der Salatschleuder und dem Zwiebelhacker

Einfach und praktisch – die Salatschleuder

(1953). Benannt wurde das 1948 gegründete Unternehmen nach dem Initiator Karl Zysset in Kombination mit dem Firmenstandort Lyss im Kanton Bern. Im Jahr 1960 wurde Zyliss eine AG, seit 1985 gehört sie einer Holding, ist aber weitgehend autonom.

Essen & Trinken

Modegetränk aus Schweizer Quelle

Absinth, das Modegetränk der Belle Époque, wurde im 18. Jahrhundert in der Schweiz erfunden. Das Rezept für die Wermutspirituose stammt aus dem Neuenburger Val de Travers und sollte ursprünglich als Heilmittel eingesetzt werden. Die Urheberschaft ist umstritten, sowohl Henriette Henriod, der Landarzt Dr. Pierre Ordinaire als auch Suzanne-Marguerite Motta gelten als mögliche Schöpfer des Absinths. Gesichert ist, dass der Major Daniel-Henri Dubied die Rezeptur 1797 von einem Mitglied der Familie Henriod erwarb und gemeinsam mit seinem Sohn Marcellin sowie seinem Schwiegersohn Henri Louis Pernod die erste Absinth-Brennerei in Couvet gründete.

Appenzeller Alpenbitter

Der bekannteste Schweizer Bitterlikör ist der Appenzeller Alpenbitter. Er wird in dem Hauptort des Kantons Appenzell Innerrhoden seit 1902 hergestellt und ist ein geschützter Markenname. Seit den 1940er-Jahren wurde das Rezept des Bitters nicht mehr verändert. Er enthält ausschliesslich natürliche Zutaten wie gelben Enzian, Anis, Wacholderbeeren und 39 weitere Kräuter. Wegen seines beträchtlichen Alkoholgehalts von 29 %-Vol. wird er meist als Mixgetränk oder Shot genossen.

Whisky aus der Schweiz

Der erste Schweizer Whisky ist der Hollen Single-Malt. Er wird seit dem 1. Juli 1999 produziert. Zuvor war es in der Schweiz verboten, hochprozentige Getränke aus Getreide oder Kartoffeln herzustellen. Noch am Tag der Gesetzesaufhebung begann die Familie Bader aus Lauwil den ersten Whisky zu destillieren. Ihr Hollen Single-Malt besteht aus Rohstoffen wie Malz, Hefe und Wasser und reift in alten Weinfässern. Der Bauernhof „Die Holle" ist derzeit der einzige Betrieb, der Bio-Whisky aus biologisch angebauter Gerste herstellt.

Kleiner geht es wohl wirklich nicht mehr

Die offiziell kleinste Bar der Welt ist wohl die „The Smallest Whisky Bar on Earth" in St. Maria im Kanton Graubünden. Mit nur 8,53 m² Fläche löste sie Ende 2006 eine Bar in Colorado Springs in den USA ab. Trotz der beschränkten Grösse bietet der Pub weit über 200 internationale Whiskysorten an, ein Whiskymuseum wurde angebaut.

Brauerei Schützengarten

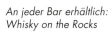
Brauerei Schützengarten

Die Brauerei Schützengarten AG aus St. Gallen ist die älteste noch produzierende Brauerei der Schweiz. Gleichzeitig ist sie die grösste der Ostschweiz. Im Jahr 1779 von Johann Ulrich Tobler gegründet, vertreibt die Schützengarten AG heute neben verschiedenen eigenen und fremden Biersorten auch Wein, Säfte, Mineral- und Süsswasser.

Brauereistolz

Die wohl bekannteste Biermarke der Schweiz ist Feldschlösschen. In den schlossartigen Fabrikgebäuden im Aargauer Rheinfelden wird jeder dritte in der Schweiz gebraute Liter Bier hergestellt. Das

Absinth

An jeder Bar erhältlich: Whisky on the Rocks

Spirituosen & Getränke

hierfür benötigte Wasser stammt von einer Quelle im benachbarten Dorf Magden. Gegründet wurde das Unternehmen Feldschlösschen im Jahr 1876 vom Landwirt Mathias Wüthrich und dem Brauer Theophil Roniger. Bis 1930 übernahm es 27 Brauereien im ganzen Land.

Weisser Fendant

Als international bekannteste Schweizer Weisswein gilt der Fendant aus dem Kanton Wallis. Er wird aus den Trauben der Chasselas-Rebe gewonnen, die sonst eher als Tafeltrauben verwendet werden, und wird meist als Aperitif getrunken. Der Name des Weins leitet sich von der Eigenschaft der Traube ab, sich zu spalten (frz. fendre: spalten).

In Vispertiminen wird auch Rotwein erzeugt.

Weinberg in Vispertiminen

Vispertiminen

Europas höchster Rebberg befindet sich in der Gemeinde Vispertiminen im Kanton Wallis. Auf 660 m über NN wachsen hier die ersten Rebstöcke in kurzen Terrassen und erstrecken sich bis in eine Höhe von rund 1150 m. Dank der Südlage des Hanges in der trockensten Gegend der Schweiz und der hohen Trockensteinmauern sind die „Rieben" bis in den Spätherbst eine Wärmekammer. Produziert werden insbesondere die Weine Fendant, Riesling x Silvaner, Johannisberg, Pinot Noir und der Dôle.

Weinanbau in Satigny

Satigny im Kanton Genf ist der grösste und bedeutendste Winzerort der Schweiz. Mit einer Rebfläche von rund 470 ha ist er ausserdem Sitz der Vin Union-Ceneve, der grössten Kellerei des Landes, die etwa vier Fünftel der gesamten kantonalen Weinerzeugnisse vertreibt. In Satigny werden vor allem die Rebsorten Chasselas (Perlan) und Gamay angebaut.

Winzerdorf Satigny

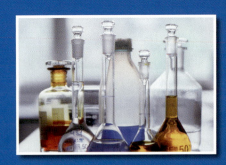

Forschung & Technik

Teilchenbeschleuniger des CERN in Genf

Forschung & Technik

Low Energy Antiproton Ring (LEAR) des CERN in Genf

Weltrekord in der Teilchenforschung

Die Physiker des Europäischen Teilchenforschungsinstituts CERN in Genf haben Atomkerne mit nie da gewesener Energie zusammenprallen lassen. Damit ist ihnen erstmals die Simulation eines Urknalls geglückt. Durch den weltweit grössten Teilchenbeschleuniger Large Hadron Collider LHC wurden zwei Strahlen geladener Atomkerne mit einer Energie von je 3,5 Billionen Elektrovolt gejagt. Die Geschwindigkeit bei ihrem Aufprall war grösser als 99,99% der Lichtgeschwindigkeit (300 000 km/sec) und damit 3,5 Mal höher als jene, die der grösste amerikanische Teilchenbeschleuniger der Fermilabs in Chicago erreicht. Sie kann mit der Energie eines 400 Tonnen schweren Zuges bei einer Geschwindigkeit von 150 km/h verglichen werden. Im Juli 2012 gab das CERN den Nachweis des seit fast 50 Jahren theoretisch postulierten Higgs-Bosons bekannt.

Schweizer im Weltall

Claude Nicollier (* 1944) war der erste und bis jetzt einzige Schweizer, der den Weltraum besuchte. Der aus Vevey im Kanton Waadt stammende Militär-, Linien- sowie Testpilot und Astronaut flog als Teil eines Kooperationsprogramms der Europäischen Raumfahrtorganisation ESA mit der NASA von 1985 bis 1999 viermal ins All. Er umkreiste 1992 mit dem Space Shuttle „Atlantis" in acht Tagen 136-mal die Erde. Beim letzten Flug 1999 installierte er Instrumente am Hubble-Weltraumteleskop.

NASA-Team mit dem Schweizer Claude Nicollier (oben links)

Forschung

Fantastische Aussicht – Claude Niccollier sah die Erde vom Weltraum aus.

Forschung & Technik

Grafik zu System 51 Pegasi b

System 51 Pegasi b

System 51 Pegasi b, der erste Planet ausserhalb unseres Sonnensystems, wurde von Schweizer Wissenschaftlern entdeckt. Am 5. Oktober 1995 gaben der Professor Michel Mayor und sein Mitarbeiter Didier Queloz vom Departement für Astronomie der Universität Genf auf dem „9th Cambridge Workshop on Cool Stars, Stellar Systems and the Sun" in Florenz bekannt, den ersten Exoplaneten, der um einen sonnenähnlichen Stern kreist, nachgewiesen zu haben.

Jacob Nufer

Der erste erfolgreiche Kaiserschnitt an einer Lebenden wurde im Jahre 1500 vom Schweinekastrierer Jacob Nufer aus Siegershausen im Kanton Thurgau vorgenommen. Seine Frau Elisabeth Alespach überlebte den Kaiserschnitt nicht nur, sondern brachte im darauffolgenden Jahr Zwillinge zur Welt. Wahrscheinlich hatte Nufer die für den Eingriff notwendigen anatomischen Kenntnisse durch genaue Beobachtung seines Viehs erlangt. Er verfügte damit auf diesem Gebiet über ein umfassenderes Wissen als die Ärzte seiner Zeit.

Jean Senebier

Jean Senebier

Der Schweizer Jean Senebier (1742–1809) konnte 1783 als erster Naturforscher beweisen, dass Pflanzen bei der Photosynthese Kohlendioxid verbrauchen. Seine Erkenntnis schuf eine wichtige Grundlage für die Botanik. Er betonte auch, dass die Ernährungsvorgänge nach den Gesetzen der Chemie beurteilt werden müssten.

Caspar Bauhin

Der Schweizer Caspar Bauhin (1560–1624) ist der erste Anatom, der eine genaue Klassifikation der einzelnen Muskeln herausgab. Der Botaniker und Anatomieprofessor in Basel veröffentlichte sie 1590. Er beschrieb darüber hinaus mehr als 5600 damals bekannte Pflanzenarten mit knappen Diagnosen. Bis heute noch bekannt ist Bauhin vor allem in Medizinerkreisen als wissenschaftlicher Entdecker der sog. Ileozökalklappe, eines Verschlusses am Übergang zwischen Dickdarm und Dünndarm. Sie wird ihm zu Ehren als Bauhin-Klappe bezeichnet.

Erforscher der Urwelt

Der Schweizer Paläontologe Karl Ludwig Rütimeyer (1825–1895) war der erste Forscher, der 1857 die Dinosauriergattung Gresslyosaurus beschrieb. Der zu den sog. Vor-Echsenfüssern gehörende Saurier erreichte eine Grösse von bis zu 10 m und lebte in

Chloroplasten unter dem Mikroskop

der Oberen Triaszeit vor rund 200 Mio. Jahren. Bislang wurden Fossilien des Gresslyosaurus nur in der Schweiz und in Deutschland entdeckt. Die Fundstelle Niederschönthal erkundete um 1850 der schweizerische Geologe Amanz Gressly (1814–1865).

Simulation des Gresslyosaurus

Forschung

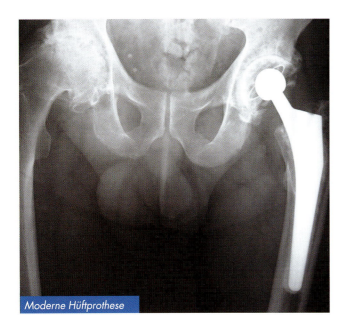
Moderne Hüftprothese

Maurice E. Müller

Der Schweizer Chirurg Maurice Edmond Müller (1918–2009) gilt als Pionier der orthopädischen Chirurgie, vor allem der modernen Hüftprothetik. Als Professor für Orthopädie an der Universität Bern entwickelte er die von dem Engländer Sir John Charnley erfundene Hüftprothese weiter und vertrieb sie ab 1965 in seiner Firma Protek AG. Ausserdem rief der gebürtige Bieler/Bienner 1958 mit zwölf weiteren Chirurgen die „Arbeitsgemeinschaft für Osteosynthesefragen" (AO) ins Leben. Sie entwickelte Implantate und Instrumente zur Knochenbruchbehandlung, so z. B. komplett neue Werkzeugsets zur Knochenbruchbehandlung mithilfe von Schrauben, Platten und Nägeln.

Willy und Peter Michel

Die erste Insulinpumpe der Welt wurde von den Schweizer Brüdern Willy und Peter Michel entwickelt. Ihre 1984 in Burgdorf im Kanton Bern gegründete Disetronic Holding AG vertrieb das medizinische Gerät für die Therapie des Diabetes mellitus. Bei der Pumpentherapie wird das Insulinpräparat nicht mehr per Spritze mehrmals am Tag injiziert, sondern von einer kleinen, programmierbaren Pumpe über einen Katheter und eine Injektionsnadel automatisch in den Körper geleitet. Dazu muss die Pumpe allerdings dauerhaft am Körper getragen werden.

Werner Arber

Der Forscher Werner Arber (* 1929) ist der berühmteste Schweizer Wegbereiter der modernen Gentechnologie. Für seine Entdeckung der bakteriellen Restriktionsenzyme erhielt er 1978 zusammen mit den Amerikanern Daniel Nathans und Hamilton O. Smith den Nobelpreis für Medizin. Arber ermöglichte durch seine Arbeit die Molekularbiologie, die sich mit der Struktur und Funktion der Erbsubstanz DNA beschäftigt. Im Januar 2011 wurde der ehemalige Rektor der Universität Basel und der emeritierte Vizepräsident des Schweizerischen Wissenschaftsrates zum Präsidenten der Päpstlichen Akademie der Wissenschaften ernannt.

Insulininjektion

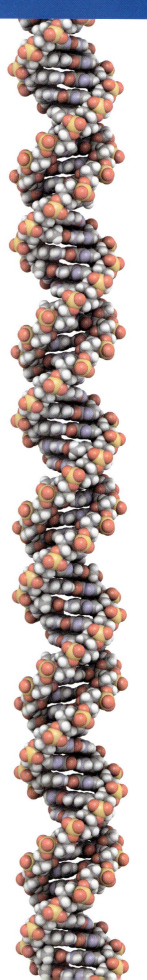
Modell der Doppelhelix

Forschung & Technik

Zytglogge in Bern
Die älteste Turmuhr der Schweiz ist die aus dem Mittelalter stammende Zytglogge in der Stadt Bern. Der Wehrturm in der Schweizer Bundeshauptstadt enthält eine riesige astronomische Uhr und ein Glockenspiel, beide wurden im Jahr 1530 von dem Schmied Kaspar Brunner erschaffen. Die Zeitglocke zeigt den Bernern nicht nur, was die Stunde geschlagen hat, sondern ist auch das Mass aller Dinge. So konnten im Mittelalter die Kunden auf dem Markt ihre erworbenen Stoffe an den Metermassen abgleichen, die bis heute am Turm befestigt sind.

Turmuhr Zytglogge in Bern

Pendel im Hotel
Im Genfer Hotel Cornavin befindet sich das längste mechanische Uhrpendel der Welt. Es ist über 30 m lang und hängt in der Eingangshalle von der neunten Etage.

Uhrpendel in Genf

Besserer Durchblick
In Zürich wurden 1887 die allerersten Kontaktlinsen hergestellt. Der in der grössten Schweizer Stadt lebende deutsche Augenarzt und Privatdozent Adolph Eugen Fick (1852–1937) schuf sie aus schwerem braunem Glas. Die Linsen hatten einen Durchmesser von je 18 bis 21 mm und ruhten auf dem Gewebe neben der Hornhaut. Der Zwischenraum zwischen Hornhaut und Glas war mit einer Zuckerlösung gefüllt. Zuerst testete Fick seine Sehhilfen an einem Kaninchen, dann an sich selbst und schliesslich an einer kleinen Gruppe von Freiwilligen. Da die Kontaktlinsen jedoch zu gross und unhandlich waren, wurden sie nicht vermarktet.

Einsetzen einer Kontaklinse

Garant für saubere Zähne
Die erste elektrische Zahnbürste soll 1954 in der Schweiz von Dr. Philippe-Guy Woog entwickelt worden sein. Sie war nach dem Zweiten Weltkrieg weltweit das meistverkaufte Modell ihrer Art und war ursprünglich für Menschen mit begrenzten motorischen Fähigkeiten

Handwerk & Technik

sowie Patienten mit Zahnspangen gedacht. Andere Quellen besagen, dass die Firma Tavaro im Jahr 1960 mit der Broxodent die erste elektrische Zahnbürste produziert hat.

Martin Othmar Winterhalter

Die Erfindung des gebrauchsfertigen Reissverschlusses geht auf den Schweizer Grossindustriellen Martin Othmar Winterhalter (1889 bis 1961) zurück. Er erwarb 1923 das europäische Patent für die Vorstufe des Reissverschlusses vom schwedischen Erfinder Gideon Sundbäck (1880–1954). Die ursprünglich aus Kügelchen und Klemmbacken bestehende Konstruktion entwickelte Winterhalter weiter und ersetzte sie durch Rippen und Rillen, woraus der spätere Produktname Riri entstand. Winterhalters Firma Riri SA in Mendriso existiert noch heute und produziert Edelverschlüsse für internationale Nobelmarken.

Samuel Blumer

Der Unternehmer Samuel Blumer (1881–1959) aus Schwanden im Kanton Glarus ist der Erfinder des elektrischen Heizkissens. Im Jahr 1908 konstruierte er den Wärmespender, der auch heute noch angewendet wird um Betten anzuwärmen. Die Schlafstätten der Familie Blumer mussten allerdings bei den ersten Versuchen mit der neuen Erfindung leiden: Zweimal gerieten sie in Brand.

Georges Audemars

Im Jahr 1855 entwickelte der Schweizer Chemiker Georges Audemars die erste Kunstseide der Welt. Seine Methode die Chemiefaser herzustellen eignete sich zwar noch nicht für die industrielle Produktion, war aber der Vorläufer für den Viskosestoff Rayon, der rund vier Jahrzehnte nach Audemars von den englischen Chemikern Charles Cross, Edward Bevan, und Clayton Beadle erfunden wurde.

Garn aus Kunstseide

Jacques Edwin Brandenberger

Das Cellophan wurde 1908 von dem Zürcher Chemiker und Textilingenieur Jacques Edwin Brandenberger (1872 bis 1954) erfunden. Das Patent für die die erste Maschine, die dichtes Cellophan aus Zellulose produzierte, übertrug er 1917 an seine 1913 gegründete Firma „La Cellophane S.A." im französischen Bezons. Bis in die 1950er-Jahre erhielt Brandenberger zahlreiche Patente für Herstellverfahren und Anwendungen seiner weltweit geschätzten durchsichtigen Folien, die in allen Lebensbereichen verwendet werden.

John Heinrich Kruesi

Der Schweizer Maschinenbauer John Heinrich Kruesi (1843–1899) hat die Musikwelt massgeblich beeinflusst. Nachdem er 1870 in die USA ausgewandert war, traf er den Erfinder Thomas Alva Edison (1847 bis 1931) und baute nach seiner Anleitung 1877 den ersten Phonografen.

Forschung & Technik

Das Gerät zur akustisch-mechanischen Aufnahme und Wiedergabe von Schall war der Vorläufer des Grammofons.

Kein Kabelsalat
Der Schweizer Computerzubehör-Hersteller Logitech brachte 2004 die erste Lasermaus der Welt heraus. Sein Modell MX 1000 verwendet zur Beleuchtung der Kontaktoberfläche einen Laser anstatt eine LED wie bei herkömmlichen Computermäusen.

Schweizer Rettungshubschrauber

Drahtlose Computermaus

Erste Hexenküche
Dier erste chemische Fabrik der Schweiz wurde 1778 von dem deutsch-schweizerischen Unternehmer Johann Sebastian von Clais (1742–1809), dem Winterthurer Chemiker Johann Heinrich Ziegler (1738–1818) und dem Kaufmann Hans Jakob Sulzer (1738–1797) gegründet. In ihrem Laboratorium, das sich in dem Gebäude „Zum Tiger" in Winterthur-Neuwiesen befand, stellten sie chemische Substanzen wie Schwefelsäure, Salzgeist, Soda, Chlorkalk, Salpetersäure und Kupfersulfat her. Bis zu seiner Schliessung 1854 war das Laboratorium die grösste Chemiefabrik auf Schweizer Boden.

Chemische Substanzen im Labor

Armand und Henri Dufaux
Die französisch-schweizerischen Brüder Armand (1883–1941) und Henri Dufaux (1879–1980) schrieben als Erfinder des Helikopters Luftfahrtgeschichte. Am 24. Februar 1904 meldeten sie ihre Konstruktion als Patent an, etwa ein Jahr später wurde der Helikopter zum ersten Mal öffentlich vorgeführt. Die Dufaux 1 war ein 17 kg schwerer Hubschrauber, ihr zweites Modell, ein Flugzeug mit acht Flügeln, war flugunfähig, und die Dufaux 3 stürzte bei ihrem Erstflug ab. Den ersten Flugerfolg erzielten die Brüder Dufaux mit dem vierten Modell. Am 28. August 1910 überflogen sie den Genfersee auf seiner gesamten Länge und übertrafen damit den Weltrekord von Louis Blériot (1872–1936) deutlich. Sehr viel später, Ende der 1930er-Jahre, entwarf der Russe Igor Sikorski Hubschrauber mit Heckrotoren.

Handwerk & Technik

Erdölbohranlage

Schwarzes Gold in Collombey

Die erste Schweizer Erdölraffinerie wurde 1963 in Collombey bei Aigle im Unterwallis errichtet. Sie gehört zur Firma Tamoil und wurde durch eine Pipeline mit dem einzigen fossil-thermischen Kraftwerk der Schweiz in Chavalon verbunden. Seitdem die mit Schweröl betriebene Anlage zur Stromerzeugung im Jahr 2000 schliessen musste, wird das Schweröl aus Collombey vor allem im Ausland verwendet.

Kernkraftwerk in der Schweiz

Das Kernkraftwerk Beznau (KKB) auf dem Gebiet der Gemeinde Döttingen im Kanton Aargau ist das dienstälteste AKW der Welt. Das auf einer künstlichen Insel im Fluss Aare stehende Kraftwerk besteht aus zwei identischen Blöcken: Beznau 1 und 2, von denen der erste 1969 seinen Betrieb aufnahm. 2012 standen auf Schweizer Territorium insgesamt fünf aktive Atomanlagen. Sie deckten rund ein Drittel des Strombedarfs.

Wasserdampf aus einem Atomkraftwerk

Geschichte

Wilhelm-Tell-Denkmal in Altdorf

Geschichte

Nationalheld Wilhelm Tell

Wilhelm Tell ist der weltweit berühmteste Schweizer Nationalheld. Der Freiheitskämpfer und Tyrannenmörder soll um 1400 in der Zentralschweiz gelebt haben. Laut einer Legende des Schweizer Chronisten Petermann Etterlin (um 1430–1509) zwang der habsburgische Landvogt Hermann Gessler die schweizerischen Untertanen, einen Hut auf einer Stange zu grüssen, wenn sie an ihm vorübergingen. Der Armbrustschütze Wilhelm Tell verweigerte den Gruss und musste daraufhin seinem Sohn Walter einen Apfel vom Kopf schiessen. Er traf den Apfel und wurde anschliessend auf eine Burg in Küssnacht überführt. Von dort gelang ihm die Flucht, sodass er Rache nehmen und den Vogt mit seiner Armbrust erschiessen konnte. Ob Wilhelm Tell wirklich gelebt hat, ist nicht gesichert, doch zahlreiche künstlerische Adaptionen haben ihm ein Denkmal gesetzt, u. a. Friedrich Schillers Drama „Wilhelm Tell" (1804) und Gioachino Rossinis Oper „Guillaume Tell" (1829).

Arnold Winkelrieds Tod in der Schlacht bei Sempach

Wilhelm-Tell-Denkmal in Altdorf

Mythischer Kriegsheld

Arnold Winkelried ist der berühmteste Schweizer Märtyrer. Er soll am 9. Juli 1386 bei der Schlacht von Sempach ein Bündel Lanzen der habsburgischen Ritter gepackt und sich damit selbst aufgespiesst haben. Sein Opfer öffnete den Eidgenossen eine Bresche und soll der Schlüssel zum Sieg gegen die Habsburger gewesen sein. Seit dem 19. Jahrhundert wird er als Held verehrt und wurde z. B. im Sonderbundkrieg zum einigenden Schutzpatron der zerstrittenen Eidgenossen erklärt. In Stans steht heute, in einer kapellenartigen Nische, das 1865 von Ferdinand Schlöth geschaffene Winkelrieddenkmal. Eine Gedenktafel für ihn befindet sich in der Walhalla in Donaustauf.

Geschichtsträchtige drei Kantone

Uri, Schwyz und Unterwalden sind die ältesten Kantone der Schweiz. Sie schlossen 1291 auf dem Rütli, einer Wiese am Vierwaldstättersee, einen Bund zum Schutz ihrer alten Freiheit. Nach dem Tod des deutschen Königs Rudolf I. von Habsburg lehnten sich die Eidgenossen der Urkantone gegen die Vormachtstellung der Vögte auf und wollten Autonomierechte zurückgewinnen. Niedergeschrieben ist der Rütli-

Ereignisse & Personen

schwur im Bundesbrief, einer Urkunde, die auf Anfang August 1291 datiert ist. Im 19. Jahrhundert wurde schliesslich der 1. August als schweizerischer Nationalfeiertag festgelegt. im Ort Schwyz befindet sich ein Museum, in dem alle früheidgenössischen Bundesbriefe bis zum Jahr 1513 besichtigt werden können – eine einzigartige Sammlung.

Die Jurafrage

Jura ist der jüngste Kanton der Schweiz. Er entstand am 1. Januar 1979 wegen kulturell-politischer Spannungen zwischen französisch-sprachigen Separatisten und dem mehrheitlich deutschsprachigen Teil der Bevölkerung. Auch religiöse Konflikte zwischen den römisch-katholischen Bewohnern der nördlichen Gebiete und den reformierten Bernern führten schliesslich zu einer Volksabstimmung, auf der die Abspaltung des nördlichen Teils des Juras vom Kanton Bern nach 165-jähriger Zugehörigkeit beschlossen wurde.

Hauptstadt für wenige Monate

Aarau war von Mai bis September 1798 erste Hauptstadt der Schweiz. Vom Fenster des dortigen Rathauses hatte der Politiker Peter Ochs am 12. April des gleichen Jahres die Helvetische Republik ausgerufen. Am 3. April wurde Aarau wegen seiner revolutionären Gesinnung vom Senat zur provisorischen Hauptstadt gewählt. Im Oktober wurde sie erst von Luzern, dann 1802 von Bern abgelöst.

Saint Ursanne im Kanton Jura

Schillerstein am Vierwaldstättersee – in Erinnerung an den Rütlischwur

Bundesbrief von 1291

Aarau, für kurze Zeit Bundeshauptstadt

Geschichte

Schweizer Luftwaffe

Immigrationswelle in die USA

In den 1880er-Jahren wanderten mehr Schweizer aus als in den ganzen 70 Jahren zuvor. Rund 82 000 Eidgenossen packten ihr Hab und Gut und bestiegen in den Häfen von Le Havre und Hamburg einen Dampfer nach Amerika. Grund für die grosse Ausreisewelle waren soziale Spannungen, die durch die zweite industrielle Revolution und ein rasantes Bevölkerungswachstum ausgelöst wurden. So war die Schweizer Bevölkerung zwischen 1870 und 1914 auf rund 4 Mio. Menschen angestiegen. Nach ihrer Ankunft im Zentrum auf Ellis Island zogen viele Emigranten Richtung Westen weiter, um dort das Angebot zu nutzen, Ackerland zu erhalten.

Erster Schweizer Militärflug

Vom 4. bis 6. September 1911 fanden die ersten militärischen Aufklärungsflüge ab Oron-la-Ville im Kanton Waadt statt. Mit einem 70 PS starken Dufaux-Flugzeug startete der Flieger Ernest Failloubaz mit seinem Freund, dem Oberleutnant Gustave Lecoultre, die Manöver des Ersten Armeekorps. Eine Notlandung am 6. September beendete jedoch ihren Versuch, dem Eidgenössischen Militärdepartement (EMD) die Vorzüge der Aufklärung aus der Luft schmackhaft zu machen. Dennoch kann der damals 19-jährige Failloubaz als der Pionier des Schweizer Militärflugs betrachtet werden.

Erste Gesellschaft für den Frieden

Der Schweizer Pazifist und Publizist Jean-Jacques de Sellon (1782 bis 1839) gründete im Jahr 1830 die erste Friedensgesellschaft auf

Auswanderungsziel New York, vorn Ellis Island, hinten die Freiheitsstatue auf Liberty Island

Jean-Jacques de Sellon

Ereignisse & Personen

dem europäischen Festland. Er berief 30 Bürger in sein Genfer Haus, um mit ihnen die „Société des Amis de la Paix de Genève" ins Leben zu rufen. Die Gesellschaft wandte sich z. B. gegen die Todesstrafe und trat für das Menschenrecht auf körperliche Unversehrtheit sowie Reformbewegungen ein.

Nobelpreis für das Friedensbüro

Die erste Schweizer Organisation, die den Friedensnobelpreis erhielt, war 1910 das Internationale Ständige Friedensbüro mit Sitz in Bern. Es wurde am 13. November 1891 auf der dritten Konferenz der Interparlamentarischen Union in Rom gegründet, um Fragen und Anträge für künftige Friedenskonferenzen zu erarbeiten. Die Schweizer Charles Albert Gobat (1843 bis 1914) und posthum Élie Ducommun (1833 bis 1906) erhielten den Preis in Oslo für ihr Engagement in der Organisation. Nach dem Ersten Weltkrieg spielte das Friedensbüro keine besondere Rolle mehr. Es wurde im Jahr 1950 aufgelöst, jedoch 14 Jahre später als International Peace Bureau unter einem neuen Namen wiedergegründet.

Erstes kontinentales Fabrikgesetz

Der Schweizer Arzt Fridolin Schuler wurde 1864 erster staatlicher Fabrikinspektor der Schweiz, nachdem der Kanton Glarus in einer Volksabstimmung eine Arbeitszeitbeschränkung auf zwölf Stunden täglich eingeführt hatte. Seine Aufgabe bestand darin, die Einhaltung des Gesetzes in den Fabriken zu überwachen. Er war massgeblich an der Ausarbeitung des schweizerischen Fabrikgesetzes beteiligt, das 1877 das erste Kontinentaleuropas war.

Traum der Schweizer Briefmarkenfreunde

Nach Grossbritannien war die Schweiz das erste Land der Welt, das Briefmarken herstellte. Die Postwertzeichen

Fridolin Schuler

Zürich 4 und Zürich 6 wurden am 1. März 1843 herausgegeben und sind nicht nur die ersten Marken der Schweiz, sondern auch die einzigen, die je vom Kanton Zürich herausgegeben wurden. Zu dieser Zeit gab es noch kein landeseinheitliches Postwesen und jeder einzelne Kanton war selbst für den Postdienst verantwortlich. Heute sind die Zürich 4 und 6 bei Philatelisten aus aller Welt sehr beliebt.

Die ersten Schweizer Briefmarken: Zürich 4 und 6

Geschichte

Darstellung der Schlacht am Morgarten

Schlachten & Bündnisse

Schlacht bei Bibracte
Die Schlacht bei Bibracte ist die allererste Kampfhandlung an der Eidgenossen beteiligt waren. Sie vollzog sich im Jahr 58 v. Chr. während des Gallischen Krieges, der Eroberung des freien Galliens durch den Feldherren Gaius Julius Caesar, und wurde zwischen den Helvetiern und sechs römischen Legionen ausgefochten. Die Schlacht bei Bibracte endete mit einer Niederlage der Helvetier, die schliesslich kapitulierten.

Schlacht am Dornbühl
Der erste grosse militärische Konflikt der 1191 gegründeten Stadt Bern fand am 2. März 1298 mit der Schlacht am Dornbühl statt. Sie ist der Beginn einer Reihe von Auseinandersetzungen gegen das mit den Habsburgern verbündete Freiburg. Um das aufstrebende Bern an seiner Expansion zu hindern, schickten Freiburg und Habsburg ein Adelsheer gegen die Stadt. In der Schlacht von Dornbühl schlugen die Berner ihre Angreifer mit Hilfe von Solothurn in die Flucht. Mit dem Sieg wurde die Stadt Bern endgültig unabhängig.

Eidgenossen gegen Habsburger
Die erste Kriegsfehde zwischen den Eidgenossen und den Habsburgern fand am 15. November 1315, in der Schlacht am Morgarten, statt. Der Kampf gegen die habsburgische Unterdrückung endete für die Schweizer siegreich. So sollen auf der Habsburger Seite über 2000 Soldaten gestorben sein, während bei den Schwyzern und Urnern nur zwölf Männer gefallen sein sollen. Die Eidgenossen erhielten trotz der erfolgreich ausgefochtenen Schlacht nicht den ersehnten Frieden, sie gewannen jedoch ein stärkeres Zusammengehörigkeitsgefühl, das in dem am 12. Dezember 1315 erneuerten Bund seinen Ausdruck fand.

Bildnis von der Schlacht bei Bibracte

Erstes Bündnis
Die Alte Eidgenossenschaft bestand von den ersten Bündnissen im 13./14. Jahrhundert bis zum Einmarsch der Franzosen und dem Beginn der Helvetik im Jahr 1798 unter dem französischen General Napoleon Bonaparte. Sie war ein lockerer Staatenbund, der stark von den Machtinteressen der einzelnen Mitglieder bestimmt war. Die Alte Eidgenossenschaft bestand aus den sogenannten Dreizehn Alten Orten, zu denen bis zur Franzosenherrschaft u. a. das Land Appenzell (anno 1513 begetreten), Glarus (1352/86) und die wichtige Stadt Zürich (1351) gehörten.

Wappen der Orte von 1507

Geschichte

Versöhnungsessen mit Milchsuppe nach dem Kappelerkrieg

Schlacht von Nancy
Die Schlacht von Nancy am 5. Januar 1477 war die letzte kriegerische Auseinandersetzung der Burgunderkriege zwischen Herzog Karl dem Kühnen von Burgund und der Vereinigung, die sich im Jahr 1474 zwischen der Eidgenossenschaft, einigen elsässischen Reichsstädten, dem habsburgischen Regenten von Vorderösterreich, den Bischöfen von Basel und Strassburg sowie

Erster Kappelerkrieg
Der Erste Kappelerkrieg war gleichzeitig auch der erste Reformationskrieg in der Schweiz. Der Konflikt zwischen reformierten und katholischen Gemeinden brach 1529 aus, dank der Vermittlung neutraler Orte konnten eigentliche Kampfhandlungen jedoch verhindert werden. So endete der Erste Kappelerkrieg schon wenig später mit einem Versöhnungsessen nahe der Gemeinde Kappel am Albis. Es ging als „Kappeler Milchsuppe" in die Schweizer Geschichte ein.

Schlacht bei Näfels
Zuletzt kämpften Habsburger und Eidgenossen am Donnerstag, den 9. April 1388 in der Schlacht bei Näfels (Kanton Glarus) gegeneinander. Danach schlossen die beiden Parteien einen Frieden. Habsburg verzichtete auf alle Rechte in den schweizerischen Orten und hatte damit den Zugang zu den Alpenpässen verloren. Seither ist im Kanton Glarus jeder erste Donnerstag im April ein Feiertag. Bei der Näfelser Fahrt gedenken die Einwohner des Kantons, die zu Fuss nach Näfels ziehen, mit einer Feier der Schlacht.

Schlachtdenkmal in Näfels

Schlachtdenkmal in Nancy

Schlachten & Bündnisse

Schlacht von Nancy in der Luzerner Chronik

dem Herzogtum Lothringen gebildet hatte. Das Heer der Burgunder wurde bei der Schlacht von Nancy besiegt, Karl der Kühne erlag schliesslich seinen schweren Verletzungen.

Schlacht bei Dornach

Die Schlacht bei Dornach am 22. Juli 1499 war die letzte kriegerische Auseinandersetzung zwischen dem Schwäbischen Bund und den Eidgenossen. Während einige der schwäbischen Belagerer das Schloss Dorneck bei Dornach im Kanton Solothurn angriffen, starteten Berner, Zürcher und Solothurner Truppen einen siegreichen Überraschungsangriff auf das schwäbische Lager. Mit Hilfe tausender zur Hilfe eilender Luzerner und Zuger konnte die blutreiche Schlacht gewonnen werden. Am 22. September wurde der Frieden zu Basel geschlossen und damit der Schwabenkrieg beendet. In Dornach erinnert ein Schlachtenrelief beim ehemaligen Kloster an das Gemetzel, daneben liegen in einem Gebeinhaus einige Knochen von Gefallenen.

Erste Schlacht von Villmergen

Die Entscheidungsschlacht des Ersten Villmergerkriegs zwischen den reformierten und katholischen Orten der Schweizer Eidgenossenschaft fand am 24. Januar 1656 um das Gebiet des Aargauer Dorfes Villmergen statt. Sie endete trotz numerischer Unterlegenheit mit dem Sieg der Katholiken. So blieben die seit dem Zweiten Kappeler Landfrieden von 1531 geltenden Machtverhältnisse bestehen.

Geburtstunde der Schweizer Armee

Die erste eidgenössische Wehrverfassung ist die Defensionale von Will (Kanton St. Gallen) von 1647. Die sich häufenden Grenzverletzungen im Dreissigjährigen Krieg (1618–48) liessen den Wunsch nach einer Wehrverfassung aufkommen. Als die militärische Lage durch das Vordringen der protestantischen Schweden zum Bodensee 1646/47 bedrohlich wurde, wurde in Will ein eidgenössisches Defensionale zum Schutze von Thurgau, Rheintal und Sargans beschlossen. Die Bestimmung von Truppen- und Waffenkontingenten der Vertragsparteien wird oft als „Geburtsstunde der Schweizer Armee" bezeichnet. Heute besteht die Armee der Eidgenossenschaft aus 175 000 aktiven Soldaten und fast 20 000 Reservisten. Die Wehrpflicht beträgt insgesamt 260 Tage.

Darstellung der Schlacht bei Dornach

Gesellschaft

Schweizer Fussballfans

Gesellschaft

Bio-Weltmeister
In keinem Land der Welt wird so viel Geld für Bioprodukte ausgegeben wie in der Schweiz. Zu diesem Ergebnis kam eine Studie des Schweizer WWF im Jahr 2008. Durchschnittlich rund 170 CHF soll jeder Schweizer im Jahr für gesunde und „grüne" Lebensmittel wie Früchte, Gemüse und Eier bezahlt haben.

Groesster Sammeltrieb
Die Schweizer sind zusammen mit den Belgiern und Dänen Weltmeister im Altglassammeln. Mehr als 330 000 Tonnen Flaschen und Einmachgläser bringen sie jährlich zu den rund 25 000 Glascontainern im ganzen Land. Auf diese Weise gelangen knapp 95% der Glasverpackungen in den Recyclingkreislauf. In der Schweiz wird die Tradition des Altglassammelns bereits seit 1974 gepflegt.

Europameister im Bahnfahren
Rund 2300 km haben die Schweizer im Jahr 2009 pro Kopf mit der Bahn zurückgelegt, eine Strecke, die etwa der Luftliniendistanz zwischen Bern und Moskau entspricht. Damit stehen sie an der Spitze Europas. Die Franzosen als zweitfleissigste Bahnfahrer sind nur 1370 km pro Kopf und Jahr mit dem Zug unterwegs. Weltweit werden die Schweizer nur von den Japanern überholt. Die Asiaten steigen im Durchschnitt 71 Mal im Jahr in eine Bahn, die Schweizer im Vergleich rund 49 Mal.

Zug der Schweizerischen Bundesbahnen (SBB)

Weltmeister bei Ferngesprächen
Die meisten Ferngespräche, bezogen auf die Bevölkerung, führen die Schweizer. Rund 200 Mio. Gespräche werden jedes Jahr ins Ausland geschaltet. Das heisst, dass jeder Schweizer pro Jahr statistisch betrachtet rund 25 Ferngespräche im Jahr führt, also etwa zwei im Monat. Vielleicht sind die vielen Verwandten und Bekannten im teilweise fernen Ausland, die Nachkommen der Auswanderer, der Grund.

Arbeiten in luftiger Höhe
Der höchste Arbeitsplatz Europas ist das Sphinx-Observatorium, das sich 3571 m ü. M. auf dem Jungfraujoch befindet.

Gesammeltes Altglas

Bevölkerung

Die Hochalpine Forschungsanstalt wird von dem Betriebsleiter-Ehepaar Joan und Martin Fischer geleitet, das die automatisch gemessenen Werte der Wetterstation regelmässig um 6, 9, 12, 15 und 18 Uhr mit zusätzlichen Beobachtungen über Wolken und Wettercharakter ergänzt. Auch Strahlenmessungen und astronomische Forschungen werden auf der Sphinx vorgenommen. Die hochmoderne Station, die Forschern aus aller Welt offen steht, ist über einen 111 m hohen Lift zu erreichen. Ihre Aussichtsplattform bietet bei schönem Wetter einen Ausblick bis in die Nachbarländer Deutschland, Frankreich und Italien sowie dem Aletschgletscher.

Matterhorn trifft Himalaja

In der Schweiz leben mehr Exiltibeter als in jedem anderen Land ausserhalb Asiens. Von insgesamt rund 3000 Tibetern, die seit dem Einmarsch der chinesischen Armee 1959 vor den Kommunisten ins westliche Ausland flohen, fanden etwa 2500 ihren Weg in das Alpenland. Sie leben heute vor allem in der Ostschweiz, etwa 500 von ihnen wurden in der Schweiz geboren. Von hier und in vielen anderen Teilen der Welt rufen sie zur Solidarität mit den Tibetern auf.

Observatorium auf dem Jungfraujoch

Gesellschaft

Süsser Rekord
Die Schweizer sind statistisch gesehen Meister im Schokoladeessen. Jeder Eidgenosse verdrückt im Jahr etwa 12,4 kg Schokolade (Stand: 2007). In Deutschland werden rund 11,4 kg und in Grossbritannien 10,4 kg der zart schmelzenden Leckerei genossen.

Weltmeister im Schokoladenaschen

Leben auf grossem Fuss
Der längste Schweizer heisst David Schrag und misst stolze 2,17 m. Im Jahr 2004 nahm er beim europäischen Treffen der langen Menschen in Basel teil.

Älteste Bürgerin
Rosa Rein (1897–2010), in das Tessin eingewanderte Oberschlesierin, gilt als älteste Schweizer Bürgerin. Sie starb mit fast 113 Jahren. Als ältester Mann der Schweiz nach sieben älteren Frauen vor ihm in der Rangliste ist Pierre Gremion (1902–2012) aus Bulle registriert; er wurde fast 110 Jahre alt.

Beliebteste Schweizer Babynamen
So individuell und besonders die Schweizer Kantone sind, so unterschiedlich ist auch ihr Geschmack, wenn es um die Namen ihrer Sprösslinge geht. Die beliebtesten Babynamen 2010 waren in der Deutschschweiz Lena und Noah, in den französischsprachigen Regionen Emma und Nathan und in den romanischen Gebieten Lea und Laurin. Tessiner Eltern bevorzugten am meisten für ihre Neugeborenen die italienisch entlehnten Vornamen Giulia und Mattia.

Sprachliche Exoten
Die kleinste Sprachgruppe der Schweiz sind die Rätoromanen mit einem Anteil von 0,5%. Innerhalb dieser Gruppe gibt es sechs verschiedene Sprachen: Sursilvan, Sutsilvan, Surmiran, Puter, Vallader und Rumantsch Grischun, das seit 1982 ein Kompromiss zwischen den zuvor genannten rätoromanischen Sprachen ist. Graubünden ist der einzige Kanton, in dem Rätoromanisch neben Deutsch und Italienisch eine Amtssprache ist.

La lingua italiana
Das Tessin ist der einzige rein italienischsprachige Schweizer Kanton. Nur in einigen Graubündner Südtälern wie beispielsweise Misox und Puschlav wird ebenfalls auch Italienisch gesprochen. Ein grosser Teil der Bevölkerung im Tessin spricht auch lokale Dialekte der lombardischen Sprachengruppe. In diesen norditalienischen Mundarten sind viele Ausdrücke dem Französischen ähnlich.

Besonders sprachbegabt
Graubünden ist der einzige Schweizer Kanton in dem es gleich drei Amtssprachen gibt: Deutsch (68%), Italienisch (10%) und Rätoromanisch (15%). Gleichzeitig ist es der einzige Kanton, in dem Rätoromanisch Amtssprache ist. Wegen seiner kulturellen Vielfalt wird Graubünden als kleine Schweiz innerhalb der Schweiz bezeichnet.

Bevölkerung

Mediterranes Flair am Luganersee im Tessin

Chur im sprachlich vielseitigen Kanton Graubünden

Gesellschaft

Hubschrauber des Schweizerischen Roten Kreuzes

Deutsch als grösste Sprachgemeinschaft

In den deutschsprachigen Kantonen lebt die Mehrheit der Schweizer Bevölkerung. So werden in 19 der 26 Kantone und Halbkantone überwiegend schweizerdeutsche Dialekte gesprochen. Rund 5 Mio. Eidgenossen, etwa zwei Drittel der Gesamtbevölkerung, geben Deutsch als Muttersprache an. Doch bilden die Kantone keine Sprachgrenzen, die Schweizer sprechen oft mehrere Sprachen.

Schweizerisches Rotes Kreuz

Das Schweizerische Rote Kreuz (SRK) ist das älteste Hilfswerk des Landes. Es wurde am 17. Juli 1866 in Bern auf Anregung des Bundesrates Jakob Dubs und der beiden Mitglieder des Internationalen Komitees vom Roten Kreuz (IKRK) Gustave Moynier und Guillaume-Henri Dufour gegründet. Anfangs wurde das SRK „Hülfsverein für schweizerische Wehrmänner und deren Familien" genannt und hatte einige Anlaufschwierigkeiten, u. a. wegen anfangs geringem Zusammenhalt auf Bundesebene. Heute besteht das SRK aus 24 Kantonalverbänden, fünf Rettungsorganisationen, drei Stiftungen sowie zwei Vereinen und ist das grösste Hilfswerk der Schweiz.

Viel Natur und nur wenige Menschen

Der bevölkerungsschwächste Kanton der Schweiz ist Appenzell Innerrhoden. Nur rund 15 700 Menschen bewohnen die 173 km² grosse Region im Nordosten. Das sind ungefähr 91 Einwohner pro km². Im Vergleich dazu ist z. B. der Kanton Zug mit 475 Einwohnern pro km² sehr viel dichter besiedelt. Im Kanton Appenzell Innerrhoden wird gut die Hälfte der Landfläche agrarisch genutzt. Die reizvolle Landschaft bietet Gelegenheit zum Wandern und Naturerleben. Höchster Berg des Kantons ist der rund 2500 m hohe Säntis.

Bevölkerung

Malerische Kulisse am Säntis im dünn besiedelten Appenzell Innerrhoden

Gesellschaft

Haus mit Schutzbunker

Tretrollerfahren – ein Spass nicht nur für Kinder

Sicherheitsbewusst

Die Schweizer sind Weltmeister im Bunkerbauen. Mit einem Deckungsgrad von rund 109% hat das Land mehr Schutzplätze als Einwohner. So bieten 283 000 Personenschutzräume in Privathäusern, Spitälern und Instituten sowie rund 2450 öffentliche Schutzanlagen Raum für 8,6 Mio. Menschen. Grund für die vielen Schweizer Bunker ist das Bevölkerungs- und Zivilschutzgesetz, das seit 1963 für Hauseigentümer die Baupflicht eines Schutzraums vorschreibt.

Jäger und Sammler

Die Schweiz ist das Land der skurrilen Sammelleidenschaften. Hier leben über 200 000 Kaffeesahnedeckelsammler („Decheler"). Damit ist die Alpenrepublik das europäische Zentrum dieses ausgefallenen Hobbies. Auf regelmässig stattfindenden Tauschbörsen wechseln die „Deckelis" ihre Besitzer. König unter den Schweizer Kaffeesahnedeckelsammlern ist Martin Kappler, er besitzt heute mehr als 50 Mio. Exemplare der farbenfroh bedruckten Verschlussfolien aus Aluminium. Die Burra-Werbeserie „Blick" ist ein Highlight unter den „Deckelis". Die Ausgabe der im Jahr 1979 wegen artfremder Werbung aus dem Verkehr gezogenen Folien ist unter Sammlern sehr begehrt und erreicht inzwischen fünfstellige Frankenbeträge.

Ohne zu strampeln

Wer schon immer mal wieder wie in Kindertagen Tretroller fahren wollte, ihm aber der Platz dafür fehlte, der sollte nach St. Antönien im Kanton Graubünden fahren. Dort verwaltet das Berggasthaus Michelshof die längste nationale Trottinett-Abfahrt. Gross und Klein steht eine 25 km lange Strecke zur Verfügung.

Imagepflege von Blut- und Leberwürsten

In der Schweiz ist der weltweit einzige Verein zur Förderung des Ansehens der Blut- und Leberwürste (VBL) angesiedelt. 1968 in Unter-Albis im Kanton Zürich gegründet, widmet er sich dem Erhalt einer authentischen Metzgete, d. h. dem unmittelbaren Verzehr von nicht haltbar zu machenden Lebensmitteln, die bei der Schlachtung von Schweinen anfallen, wie Blut und Innereien in Form von Wurst. Während der

Schweizer Sammelleidenschaft – Kaffeesahnedeckel

Skurriles & Exotisches

Maikäfer

Metzgete-Saison Ende September bis Mitte März werden die Fleischerzeugnisse bei wöchentlichen Testessen von zwölf vereidigten Degustatoren geprüft.

Kurioses Gesetz

Maikäfer leben am gefährlichsten im Dorf Finsterhennen im Grossen Moos bei Bern. In diesem besonders fruchtbaren Gebiet sind die Anwohner zum Schutz der Landwirtschaft verpflichtet, Maikäfer zu jagen und zu töten. Danach dürfen die toten Krabbelkäfer jedoch nicht in Gewässer oder Jauchegruben gekippt werden. Der Zwang zum Maikäfertöten dürfte in Europa einzigartig sein. In der Europäischen Union stehen Maikäfer hingegen unter Naturschutz.

Sonntags nicht auf die Leine

Wer einen Trockner besitzt, ist in der Schweiz klar im Vorteil. Sonntags darf hier keine Wäsche zum Trocknen aufgehängt werden, so ist es gesetzlich festgelegt. – Waschen ist allerdings erlaubt. In vielen Hausordnungen gibt es darüber hinaus ein Verbot, auf dem Balkon Wäsche aufzuhängen. Das sieht der Schweizerische Mieterinnen- und Mieterverband jedoch anders. Denn Artikel 253 des Obligationenrechts gestehe den Mietern das Recht zu, die Wohnung oder das Haus uneingeschränkt zu gebrauchen. Das gelte auch für den Balkon, der wie ein zusätzliches Zimmer genutzt werden dürfe. Eine Grenze habe diese Freiheit erst dort, wo andere beeinträchtigt würden. Fahnen und Wäschestücke dürften den Nachbarn nicht die Sicht verdecken und den Sonnenschein entziehen.

Nicht nackt wandern

Nicht minder kurios ist folgender Fall: Nach

Wanderausrüstung – am besten nur angezogen wandern

jahrelangen juristischen Verhandlungen sprach das Bundesgericht der Schweiz in Bern 2011 ein Grundsatzurteil: Nacktwandern im Kanton Appenzell Ausserrhoden ist verboten und kann mit einer Geldstrafe geahndet werden; der betreffende Wanderer im Adamskostüm musste 100 CHF zahlen. Laut Gericht würden nach dem Empfinden eines durchschnittlichen Menschen beim Nacktwandern Sitte und Anstand verletzt. Deswegen gaben die Richter der Argumentation des kleinen Kantons Recht.

Wäsche auf der Leine – aber nicht am Sonntag!

73

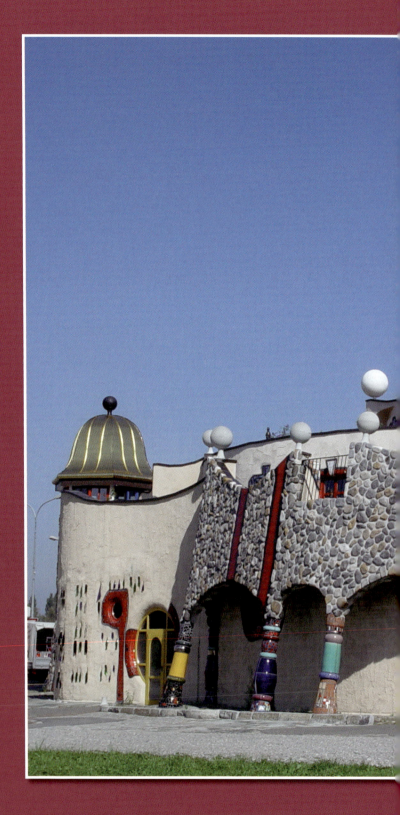

Kultur

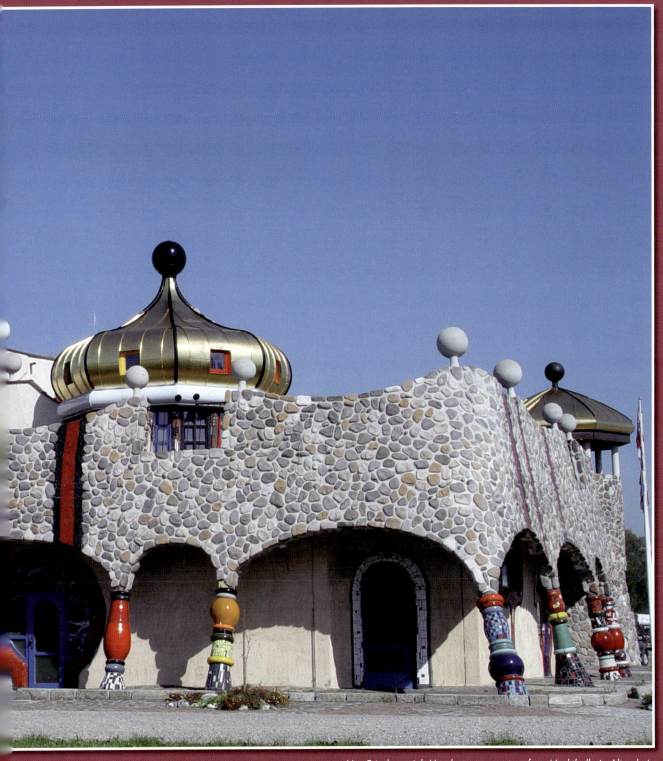

Von Friedensreich Hundertwasser entworfene Markthalle in Altenrhein

Kultur

Nationalbibliothek in Bern

Schweizer Nationalbibliothek
Keine andere Schweizer Bibliothek hat so viele Bücher zusammengetragen wie die Nationalbibliothek in der Bundeshauptstadt Bern (NB). Ganze 5 Mio. Medien hatte sie Mitte 2012 in ihrem Bestand. Dazu zählen nicht nur gedruckte Werke, sondern auch andere Informationsträger wie z. B. DVDs. Als Institution des Bundesamtes für Kultur innerhalb des Eidgenössischen Departements des Innern hat die NB den gesetzlichen Auftrag, alle Publikationen zu sammeln, die in der Schweiz erscheinen, sich auf die Schweiz oder auf Personen mit schweizerischem Bürgerrecht oder Wohnsitz beziehen oder von schweizerischen Autoren oder Autorinnen geschaffen oder mitgestaltet werden, und zwar unabhängig von der jeweiligen Sprache. So ist sie die beste Anlaufstelle für Helvetica.

Zeugnisse der Vergangenheit
Bekannt ist die Stiftsbibliothek St. Gallen für die weltweit grösste Sammlung alter Handschriften. Rund 2100 Exemplare befinden sich in dem Besitz des Klosters St. Gallen. Hierzu zählt u. a. die bedeutende Nibelungenhandschrift B. Das um 1260 angefertigte Manuskript ist die älteste in Mittelhochdeutsch verfasste Sammelhandschrift höfischer Epik.

Fehlerfrei schreiben
Die Schweizer legen anscheinend grossen Wert auf eine korrekte Rechtschreibung, denn der 1. Band des Duden („Die deutsche Rechtschreibung") ist das meistverkaufte Buch innerhalb der Schweiz. Besonders die 23. Auflage aus dem Jahr 2004, in der die Rechtschreibreform erstmals zum Tragen kam, stand wochenlang auf den eidgenössischen Bestsellerlisten.

Stiftsbibliothek in St. Gallen

Seite aus dem Rechtschreibduden

Büchermacher aus Tradition
Im Zentrum des Schwabe Verlags stehen Bücher aus dem Bereich Geisteswissenschaften. 1488 von Johannes Petri in Basel gegründet, ist das Unternehmen der älteste in der Schweiz ansässige Verlag. Benno Schwabe, Namensgeber der

Bücher & Literatur

„Heidi"-Ausgabe von 1887

Justitia in Lausanne, Geburtsstadt von Charles-Ferdinand Ramuz

heutigen Aktiengesellschaft, übernahm 1868 die Leitung des Druck- und Verlagshauses.

Auf der Alm
Fast jeder kennt wohl die Geschichte von Heidi, ihrem Grossvater und dem Geissenpeter, schliesslich sind die beiden Bücher „Heidis Lehr- und Wanderjahre" (1880) sowie „Heidi kann brauchen, was es gelernt hat" (1881) die international bekanntesten Bücher aus der Schweiz. Verfasst hat sie Johanna Spyri (1827 bis 1901). In Anlehnung an die Geschichte sind zahlreiche Filme, Zeichentrickserien und Musicals entstanden.

Die Welt der Worte
„Homo Faber" (1957), „Biedermann und die Brandstifter" (1958) und „Mein Name sei Gantenbein" (1964) zählen zu Max Frischs bekanntesten Stücken. Der 1911 geborene Schriftsteller ist der meistgelesene Autor der Schweiz. Hauptthema seines umfangreichen Werkes ist die Selbstentfremdung des modernen Menschen, der in vielen Rollenspielen versucht seine Identität zu finden. Zu Ehren des 1991 verstorbenen Georg-Büchner-Preisträgers (1958) verleiht seine Geburtsstadt Zürich seit dem Jahr 1998 den Max-Frisch-Preis.

Gehaltvolle Geschichten
In Lausanne im Kanton Waadt geboren, entwickelte sich Charles-Ferdinand Ramuz (1878 bis 1947) zum bedeutendsten Erzähler der Schweizer Romandie. Seine auf Französisch verfassten Werke wurden mehrfach ausgezeichnet (z. B. Grosser Schillerpreis, 1936). Ramuz schrieb u. a. „Aline" (1905), „Farinet" (1932) und „Derborence" (1934).

Grosse Leserschaft
Unter den zeitgenössischen Schweizer Literaten rangiert Martin Suter (* 1948) ganz weit oben – er ist der meistgelesene nationale Schriftsteller der Gegenwart. Suter verfasste u. a. die Werke „Small World" (1997), „Ein perfekter Freund" (2002) und „Der Koch" (2010). Darüber hinaus konzipiert er Drehbücher („Giulias Verschwinden", 2009) und schrieb für das Magazin „NZZ Folio" monatlich die Kolumne „Richtig leben mit Geri Weibel".

Erinnerung an Max Frisch im Museum Strauhof in Zürich

Kultur

Open-Air-Kino beim Filmfestival von Locarno

Kinotreffen im Tessin
Jährlich im August versammeln sich auf dem Internationalen Filmfestival von Locarno im Kanton Tessin, dem ältesten internationalen Filmfestival der Schweiz, Schauspieler, Drehbuchautoren, Regisseure und Produzenten. Die 1946 ins Leben gerufenen Filmtage nehmen besonders bei Regisseuren einen hohen Stellenwert ein. Die Veranstaltung dauert in der Regel zehn Tage. Während dieser Zeit kommen die Besucher in den Genuss von 100 Filmen. Der Hauptpreis ist der Goldene Leopard; Preisträger waren u. a. John Ford, Stanley Kubrick und Jim Jarmusch.

Nationale Talente fördern
Die Solothurner Filmtage stehen ganz im Zeichen des heimischen Films. Es ist national das älteste Festival für eine repräsentative Auswahl Schweizer Spiel-, Dokumentar- und Kurzfilme. Seit 1967 stellen dort Schweizer Filmschaffende immer im Januar ihre Werke vor. Zum Programm gehören auch Podiumsdiskussionen und Gesprächsrunden. Den besten gesellschaftspolitischen Streifen zeichnet die Jury mit dem Prix de Soleure aus, das Publikum vergibt den PRIX DU PUBLIC.

Cineastischer Blick auf die reale Welt
Moritz de Hadeln (* 1940) gründete 1969 das Festival Visions du Réel für Dokumentarfilme, das weltweit als das wichtigste seiner Art gilt. Das in Nyon im Kanton Waadt abgehaltene Festvial ist zudem auch das grösste der Westschweiz. 1995 wurde es inhaltlich reformiert.

Schweizer Erfolge in Hollywood
Seine Filme sind preisgekrönt – Arthur Cohn (* 1927) ist der erfolgreichste Schweizer im internationalen Filmgeschäft. Der in Basel geborene Filmproduzent gewann bis 2012 in der Traumfabrik Hollywood gleich mehrfach den Oscar, darunter für die Dokumentarfilme „Nur Himmel und Dreck" (1960), „American Dream" (1990) und „Ein Tag im September" (1999). Ausserdeml erhielt er als Produzent

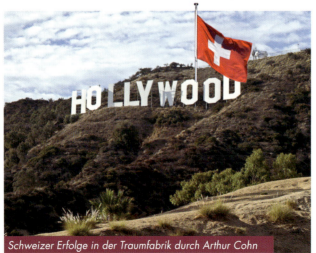
Schweizer Erfolge in der Traumfabrik durch Arthur Cohn

Arthur Cohn

Film & Fernsehen

Wandern in der Schweizer Bergwelt – und im Film

dreimal den Academy Award für den besten fremdsprachigen Spielfilm: „Der Garten der Finzi Contini" (1972), „Sehnsucht nach Afrika" (1977) sowie „Gefährliche Züge" (1985).

Wenn man Bundesbürger werden will

Emil Steinberger, Walo Lüönd und Beatrice Kessler übernahmen in dem erfolgreichsten Schweizer Spielfilm, „Die Schweizermacher", die Hauptrollen. 1978 strömten über 940 000 Zuschauer in die Kinos, um sich den humorvollen Streifen über die manchmal etwas abstrusen Einbürgerungsmethoden ihres Heimatlandes anzusehen. Basierend auf dem Film entstand im Jahr 2010 in Zürich das gleichnamige Musical, das insgesamt rund 130 Vorstellungen erlebte.

Wandern ohne Ende

Von Thusis in 679 m Höhe über Preda (1789 m) bis nach Tirano (429 m) führt die Strecke, die auf dem weltweit längsten Wanderfilm zu sehen ist. In dem auf www.webwandern.ch vorgestellten, über 30-stündigen Streifen werden zehn Stationen und ihre Besonderheiten vorgestellt. Sie befinden sich allesamt auf der Via Albula/Bernina im Kanton Graubünden. Der 2010 initiierte Wanderweg begleitet den Streckenverlauf der Albula und Berninabahn, der als Weltkulturerbe unter dem Schutz der UNESCO steht.

Erfolgsmann im TV

Ohne Roger Schawinski (* 1945) hätte es die erfolgreichste Sendung im Schweizer Fernsehen, „Kassensturz", wohl nie gegeben. Am 4. Januar 1974 ging der Journalist und Unternehmer mit dem Format, das sich dem Schutz der Konsu-

menten verschrieben hat, auf Sendung. Schawinski rief ebenfalls das erste Schweizer Privatradio (Radio 24), das erste Schweizer Privatfernsehen (Tele 24) und den ersten nationalen Privatfernsehsender (TeleZüri) ins Leben. Von 2003 bis 2006 war er als Geschäftsführer des deutschen Privatfernsehsenders Sat.1 erfolgreich. Seit 2011 moderiert er eine Talksendung mit Vertretern aus Politik und Wirtschaft.

Kultur

Treffpunkt der Künstler und Galeristen

Sie ist die wichtigste Kunstmesse der Welt – die Art Basel. Die Ausstellung, die sich vor allem moderner und zeitgenössischer Kunst widmet, wird wegen der grossen Nachfrage ebenfalls in Miami Beach (USA) und Hongkong veranstaltet. Jedes Jahr im Frühsommer strömen seit 1970 mehrere zehntausend Besucher auf die Messe, um sich die Werke von über 300 Galerien anzusehen. Die britische Zeitung „Daily Telegraph" bezeichnete die Messe 2004 als „Olympiade der Kunstwelt".

Ein Ort für die Kunst

Zwischen 1876 und 1878 wurden die Räumlichkeiten des Kunstmuseums Bern errichtet. Die feierliche Eröffnung fand ein Jahr später statt. Damit ist das Museum mit mehr als 3000 Gemälden und Skulpturen die älteste Galerie in der Schweiz mit einer dauerhaften Sammlung. Dazu gehören u.a. Bilder von Paul Cézanne, Franz Marc, August Macke, Henri Matisse, Meret Oppenheim und Pablo Picasso Auf die Besucher warten zudem 48 000 Fotografien, Handzeichnungen, Grafiken und Filme.

Kunstmuseum Bern

Das Leben Christi in bunten Bildern

Die Kirche St. Martin in Zillis im Kanton Graubünden beherbergt die am besten erhaltene Bilderdecke der Welt. Die Arbeiten an dem künstlerischen Werk wurden um 1109 begonnen und etwa 1114 beendet. Die 153 Bildtafeln – allesamt quadratisch – sind in neun Reihen angeordnet.

Haupteingang der Kunstmesse Art Basel

Kunst & Museen

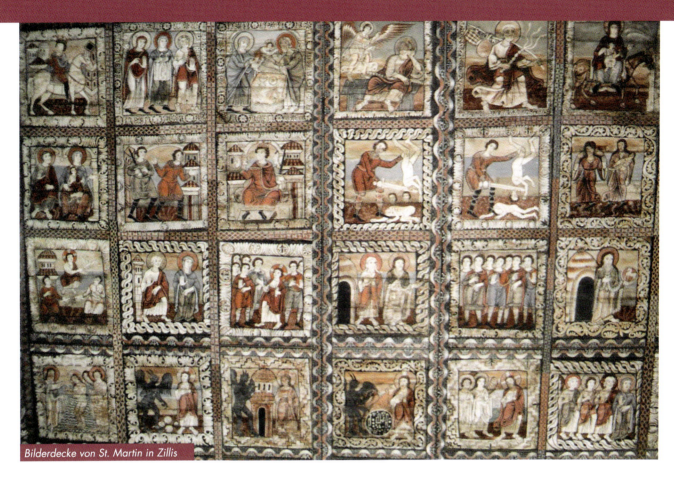
Bilderdecke von St. Martin in Zillis

Auf den Tafeln sind u. a. Fabelwesen, das Abendmahl sowie Teile der Jonasgeschichte abgebildet. Einzigartig ist auch, dass die romanische Bilderdecke nie übermalt worden ist.

Die Geschichte der Schweiz

Das Schweizerische Nationalmuseum, das sich aus dem Landesmuseum Zürich, dem Forum Schweizer Geschichte Schwyz und dem Château de Prangins zusammensetzt, darf die grösste kulturgeschichtliche Sammlung der Alpenrepublik ihr Eigen nennen. Mit 177 000 Besuchern im Jahr 2011 ist das Landesmuseum Zürich zudem das bestbesuchte historische Museum des Landes. Vier Themenbereiche informieren über die historische Entwicklung der Schweiz.

Völkerkunde zum Anfassen

Das Museum der Kulturen in Basel, das grösste ethnologische Museum der Schweiz, hat es sich zur Aufgabe gemacht, den Horizont seiner Besucher im Bereich Völkerkunde zu erweitern. Dafür greift es auf Ausstellungen, Führungen, Workshops und Veranstaltungen zurück.

Tor des Landesmuseums Zürich

Kultur

Glitzernd und glänzend

Die wertvollste Mineraliensammlung der Schweiz kann in dem Dorfmuseum La Truaisch in Sedrun im Kanton Graubünden unter die Lupe genommen werden. Die einzelnen Stücke stammen aus heimischen Gefilden sowie aus dem Gotthard-Basistunnel. Als weltweit

Laubfrosch

Bergkristall

einzigartig gilt das dort ebenfalls ausgestellte grösste Milarit, das nur selten in der Natur vorkommt.

Schmiedekunst vom Feinsten

Das Genfer Musée Ariana hat sich auf internationale Keramik- und Glaskunst spezialisiert. Es weist innerhalb der Schweiz die grösste Sammlung dieser Art auf. Mehr als 25 000 Gegenstände – teilweise über 700 Jahre alt – sind in dem historischem Gebäude untergebracht. Die Ausstellungsstücke wurden u. a. aus Europa sowie dem Nahen und Fernen Osten zusammengetragen.

Amphibien auf einem Fleck

Offiziell heisst das in Estavayer-le-Lac im Kanton Freiburg ansässige einzige Froschmuseum der Welt Musée des grenouilles. Die Idee zum ungewöhnlichen Ausstellungshaus kam erstmals 1900 durch die Entwicklungsgesellschaft auf. Bis zur Eröffnung dauerte es jedoch weitere 27 Jahre. Die 108 ausgestopften Frösche sind Teil unterschiedlicher Alltagsszenen, z. B. kann man sie beim Billardspiel bestaunen.

Meister Lampe

Nicht nur Kinder haben ihren grossen Spass in dem national einzigen offiziellen Hasenmuseum. In Wetzikon im Kanton Zürich eröffnete 1991 die Sehenswürdigkeit, fünf Jahre später fand sie in Bubikon eine neue Heimat. Die Ausstellungsstücke stammen ausschliesslich aus einer privaten Sammlung und

Alles über Hasen in Bubikon

setzen sich hauptsächlich aus hübschen Dekorationsartikeln zusammen.

Zeitmessung durch die Jahrzehnte

In La Chaux-de-Fonds im Kanton Neuenburg steht das umfangreichste Uhrenmuseum der Welt. Rund 4000 Ausstellungsstücke haben seit 1902 in dem Häuschen Platz gefunden. Im berühmten

Musée Ariana in Genf

Kunst & Museen

Musée International d'Horlogerie wird auf anschauliche Weise gezeigt, wie sich die Zeitmessung seit der Antike verändert hat. Zu sehen sind Exponate von der Sonnenuhr bis zur Atomuhr, vom praktischen Zeitmesser am Handgelenk bis zur prestigeträchtigen Luxusuhr. In einer Werkstatt können die Besucher den Uhrmachern bei der Arbeit zusehen. In direkter Nachbarschaft

Armbanduhr mit Goldkranz

befindet sich das Zeitforschungszentrum und eine Restaurierungsstelle.

Penduluhr

Kunst am Rhein

Das Kunstmuseum Basel am St. Alban-Graben beherbergt die grösste und bedeutendste öffentlich zugängliche Kunstsammlung der Schweiz. Mit seinen Sammlungsschwerpunkten zählt es auch international zu den wichtigsten Museen seiner Art. Das neoklassizistische Museumsgebäude wurde 1931–36 von Paul Bonatz und R. Christ entworfen. Das Museum besitzt die weltgrösste Sammlung von Arbeiten der deutschen Künstlerfamilie Holbein. Die älteren Bestände gehen auf den Basler Sammler Basilius Amerbach (1533–1591) zurück, dessen Vater Bonifacius mit dem Maler Hans Holbein dem Jüngeren (1498–1543) befreundet war. Im 1661 erwarb die Stadt Basel die wertvolle Privatsammlung. In einem eigenen Bereich des Basler Kuntsmuseums befindet sich das umfangreiche Kupferstichkabinett.

Hans Holbein, Selbstbildnis, 1542

Eingang des Kunstmuseums Basel

Kunstmuseum Basel

Kultur

Stets gut informiert

Jeden Tag wird seit dem 12. Januar 1780 die „Neue Zürcher Zeitung" gedruckt. Sie ist die älteste noch erscheinende Zeitung der Eidgenossenschaft. Zur Zeit ihrer Entstehung hiess sie noch „Zürcher Zeitung", den Zusatz „Neue" erhielt sie erst im Jahr 1821. Das von Salomon Gessner (1730–1788) gegründete Blatt ist bis heute für seine sachliche und kenntnisreiche Berichterstattung international hoch angesehen. Der gedruckten NZZ ist in der ersten Montagsausgabe im Monat das Magazin „NZZ Folio" beigelegt, das sich einem Schwerpunktthema widmet. Das Magazin erreicht doppelt so viele Leser (645 000).

Neuigkeiten auf einen Blick

1597 ging die älteste deutschsprachige Zeitung, die Annus Christi, mit einer Auflage von etwa 150 Exemplaren in Rorschach im Kanton St. Gallen in den Druck. Jeden Monat wurde sie im Quartformat herausgegeben. Am Jahresende wurden die Einzelausgaben zu einer Jahresschrift zusammengeheftet. Wahrscheinlich aus Finanzgründen und/oder schwindender Leserschaft wurde die Zeitung nach einem Jahr eingestellt.

Werbung im Wandel

Genau 100 Plakate aus 100 Jahren schmückten zwischen dem 21. April und dem 24. Mai 2012 im Rahmen der Ausstellung „100 Jahre Schweizer Grafik" die Riviera beim Utoquai in Zürich. Das Museum für Gestaltung Zürich hatte die Werbebilder für die längste Plakatwand der Schweiz zur Verfügung gestellt. Anhand der Plakate sollte u. a. die Entwicklung der Typografie sowie des Zeitgeistes verdeutlicht werden.

Geld für Werbung

Bereits seit den 1980er-Jahren geben die Schweizer am meisten Geld pro Kopf für Werbung aus, jährlich sind es mehr als

Alte Journalistenausstattung: Schreibmaschine, Notizblock, Kaffee

Erstausgabe der „Zürcher Zeitung"

Fussballwerbung an einer Tram in Bern

Medien

Alter Setzkasten für den Druck

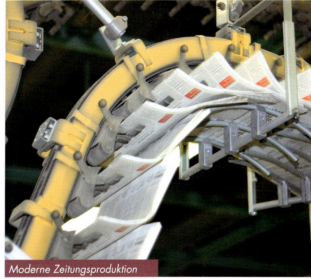
Moderne Zeitungsproduktion

400 CHF pro Einwohner. Die Hälfte der jährlichen Werbeeinsätze fliesst in Zeitungen und Zeitschriften, 30% in die Fernsehwerbung. Der Anteil der Onlinewerbung (2011: 7%) wird nach Prognosen in den kommenden Jahren weiter zunehmen.

Blick mit grossen Buchstaben

Der Ringier-Verlag brachte ab 1959 die erste Schweizer Boulevardzeitung „Blick" auf den Markt. Ungeachtet der Kritik von manchen Medienbeobachtern an dem Konzept aus Verbrechen, Erotik und Sport wurde sie ein grosser Erfolg. Mit einer Auflage von gut 200 000 Exemplaren ist sie heute nach dem gratis ausgegebenen Blatt „20 Minuten" (700 000 Exemplare) die zweitgrösste Schweizer Zeitung.

Kultur

Orgel von Valère

Ein himmlischer Ton
Nun schon seit mehr als 580 Jahren ertönt in der Basilique de Valère in dem Ort Sitten (Sion) im Kanton Wallis die Musik der weltweit ältesten bis heute noch bespielbaren Orgel. Das Instrument, dessen Mechanik noch nie ausgetauscht werden musste, wurde vermutlich um das Jahr 1430 erbaut. Lediglich eine behutsame Restaurierung fand in den 1950er-Jahren statt. Die kunsthistorisch sehr wertvolle Orgel hängt an der Westwand in einem sogenannten Schwalbennest. Im 17. Jahrhundert wurde sie zum Barockinstrument umgebaut.

Das Nationalsymbol der Schweiz
47 m misst das Alphorn des Schweizers Josef Stocker aus Kriens im Kanton Luzern. Damit hat er neben dem US-Amerikaner Peter Wutherich das längste Alphorn der Welt gebaut. Seine Variante verfügt aber über einen weitaus grösseren Becherdurchmesser. Jedoch muss das Rekordalphorn auf 14 m abgebaut werden, damit dem Instrument die 64 Naturtöne und sieben Oktaven entlockt werden.

Gigantisches Alphornensemble
Am 20. August 2009 versammelten sich auf dem 3135 m hohen Gebirgskamm Gornergrat, der nur wenige Kilometer östlich der Gemeinde Zermatt im Kanton Wallis liegt, 366 Alphornbläser, um zeitgleich das Schweizer Nationalsymbol zum Klingen zu bringen. Insgesamt sechs Lieder stimmten die Musiker an diesem historischen Tag an. Das weltweit grösste Alphornensemble schaffte es ins „Guinness Buch der Rekorde."

Alphörner

Ein wahres Meer aus Glocken
49 Glocken umfasst das imposante Glockenspiel, das auf die Besucher der Abtei Saint-Maurice im Kanton Wallis wartet. Das Carillon, für das mindestens vier Glocken rhythmisch erklingen müssen, erfreut seine Zuhörer vor allem mit religiösen Liedern. Das Intervall des grössten Glockenspiels der Schweiz umfasst insgesamt vier Oktaven. Die 515 gegründete Abtei ist zugleich auch eines der ältesten Klöster Europas, das seither durchgängig – bis heute – von Mönchen bewohnt wird.

Lys Assia

Erster Grand Prix für die Schweiz
Unter dem Namen Gran Premio Eurovisione della Canzone Europea wurde 1956 in Lugano (Kanton Tessin) der erste Eurovision Song Contest abgehalten, damals noch unter dem alten Namen Grand Prix Eurovision de la Chanson. An dem Wettstreit nahmen nur sieben Nationen teil. Die

Musik

Saxofon – das Instrument des Modern Jazz

Schweiz konnte mit ihrer Kandidatin Lys Assia (* 1924) und dem Titel „Refrain" als erstes Land den neuen internationalen Musikwettbewerb für sich entscheiden. Damals war es beim Grand Prix noch Pflicht, den jeweiligen Titel in der Landessprache zu singen.

Ein Ort für die Musik

In der Schweiz ist das Montreux Jazz Festival im Kanton Waadt die grösste Veranstaltung dieser Art. International rangiert es an zweiter Stelle hinter dem in Montreal in Kanada abgehaltenen Festival International du Jazz. Musikgrössen wie Miles Davis, Aretha Franklin und Herbie Hancock sind in Montreux aufgetreten. Das mehrtägige Festival zieht seit 1967 jährlich über 200 000 Zuschauer an. Neben Jazz ist heute auch Pop, Rock und Weltmusik zu hören.

Wochenlanger Hörgenuss

Durchhaltevermögen müssen Musikliebhaber beweisen, wenn sie das längste Jazzfestival Europas besuchen. Fünf Wochen lang dauert das Festival da Jazz in dem beliebten Wintersportgebiet St. Moritz im Kanton Graubünden. Musiziert wird in dem von der Jet-Set-Ikone Gunter Sachs gegründeten „Dracula Club", zu dem nur rund 150 Zuschauer Zutritt haben.

Preisgekrönte Musik

Andreas Vollenweider (* 1953) schaffte das, was kein anderer seiner Landsleute vor ihm erreicht hat: Er ist der bislang einzige Schweizer Komponist und Arrangeur, der in den USA mit einem Grammy Award ausgezeichnet wurde. 1987 erhielt er den prestigeträchtigen Musik-Oscar im Bereich Best New Age Recording für sein Album „Down to the Moon".

Gelegenheit für Experimente

Wo früher Züge restauriert wurden, wird seit dem Jahr 2002 Musik gemacht. In einigen Räumen des Badischen Bahnhofs Basel hat sich mit dem Gare du Nord – Bahnhof für Neue Musik das erste Schweizer Zentrum für experimentelle Musik einquartiert. Dort spielt vor allem das Ensemble Phoenix Basel, aber auch internationale Künstler sind regelmässig zu Gast.

Akustik von internationalem Niveau

Die 1895 fertiggestellte Tonhalle in Zürich gehört heute zum Komplex des Kongresshauses. Es ist wegen der hervorragenden Akustik einer der besten Konzertsäle der Welt. Hier spielt auch das 1868 gegründete Tonhalle-Orchester. Die rund 100 Musiker, die regelmässig von international bekannten Gastdirigenten geführt werden, gehören ihrerseits zur anerkannten Weltspitze.

Eingang der Tonhalle in Zürich

Konzertraum der Tonhalle

Kultur

Auf den Spuren der Römer

Ganz in der Nähe von Basel liegt die Ausgrabungsstätte Augusta Raurica. Sie ist die am besten im Boden erhaltene römische Stadt inklusive Theater nördlich der Alpen. Die Anlage befindet sich zu unterschiedlich grossen Teilen in den Gemeinden Augst und Kaiseraugst. Vermutlich wurde die Siedlung um 44 v. Chr. vom Feldherrn Lucius Munatius Plancus gegründet. Die Ausgrabungsarbeiten sind bis heute noch nicht abgeschlossen.

Kultur für alle

In Solothurn im Kanton Bern steht mit dem Theater Biel Solothurn das älteste und kleinste Stadttheater der Schweiz. Nach dem Zusammenschluss der künstlerischen Einrichtung von Solothurn mit der von Biel fungierte es seit dem Jahr 1927 als neues Städtebundtheater. Es ist auch die einzige zweisprachige Spielstätte der Bundesgenossenschaft.

Theater mit Tradition

Das St. Gallen Theater hat gleich zwei Superlative vorzuweisen: Es ist das älteste Berufstheater der Schweiz sowie das einzige Dreispartentheater (Musiktheater, Schauspiel, Tanz) der Region Ostschweiz/Bodensee. Seit 1801 werden dort professionell Stücke aufgeführt. Im Mittelalter hatten sich bereits einige St. Gallener Mönche als Schauspieler betätigt.

St. Gallen Theater

Der Zeit stets standgehalten

In den Jahren 1846/47 wurde das neoklassizistische Teatro Sociale Bellinzona im Kanton Tessin erbaut. Entworfen hatte das einzige noch aus dem 19. Jahrhundert stammende Theater der Mailänder Architekt Giacomo Moraglia

Modernisierte Stufen des Augusta Raurica

Antikes Theater Augusta Raurica

Theater & Oper

(1791–1860). Im Laufe der Jahre musste das Schauspielhaus jedoch mehrfach restauriert werden – unterstützt durch Spenden und Förderungen des Staates.

Schauspieler ehren

Wer einmal im Laufe seiner Schauspielkarriere den Hans Reinhart-Ring verliehen bekommen hat, der kann wahrlich etwas auf sich halten, denn der Preis ist die höchste Schweizer Ehrung im Theaterbereich. 1957 hatte der Mäzen Hans Reinhart (1880–1963) ihn ins Leben gerufen. Die Schweizerische Gesellschaft für Theaterkultur übernahm nach dem Auslaufen seiner Stiftung die Vergabe.

Orchestermusiker

Hans Reinhardt-Ring

Mehr als nur Kasperltheater

Von einer privaten Idee entwickelte sich das Théâtre des Marionnettes de Genève zu einem staatlich geförderten Grossprojekt. 1929 von Marcelle Moynier (1888 bis 1980) gegründet, ist das auch international bekannte Puppentheater das älteste der Schweiz. In den Räumen an der Rue Rodo in Genf haben 170 Zuschauer Platz. 200 Aufführungen auch für Erwachsene stehen jährlich auf dem Pan.

Oper von Weltruf

Ihr Ruf ist auch über die Grenzen der Schweiz hinaus bekannt – die Stadt Zürich hat das bedeutendste Opernhaus des Landes. Mehr als 300 Veranstaltungen finden dort pro Saison statt, ein Grossteil im Bereich Musikdrama. Aber auch Konzerte, Lieder und Ballettaufführungen stehen regelmässig auf dem Programm. Über 2000 Anteilseigner investieren in die Aktiengesellschaft, die seit 1834 besteht. Dirigenten und Sänger der Spitzenklasse geben sich hier gern ein Stelldichein.

Opernhaus Zürich

Natur

Blick auf den Matterhorngipfel vom Alpsee aus

Natur

4478 m

Schweizer Pyramide
Die grösste „Pyramide" der Welt steht nicht in Ägypten, sondern in den Schweizer Alpen. Es ist das 4478 m hohe Matterhorn, das dank seiner charakteristischen Form diesen Spitznamen trägt. Der Berg liegt in den Walliser Alpen zwischen Zermatt und Breuil-Cervinia. Das Schweizer Wahrzeichen ist die meistfotografierte Touristenattraktion. 1865 wurde der Felsen von einer siebenköpfigen Expedition unter Leitung des Briten Edward Whymper (1840–1911) erstmals bestiegen.

Berge & Täler

Imposante Viertausender im Wallis

Viertausender en masse

Die Schweiz besitzt von allen europäischen Ländern die meisten Viertausender. Insgesamt 48 steinerne Giganten ragen in den Schweizer Himmel. Neben den höchsten wie der Dufourspitze (4634 m) und dem Dom (4545 m) sind es der Liskamm (4527 m), der Weisshorn (4505 m) sowie der Dent Blanche (4357 m) und viele andere. Die genannten Berge befinden sich alle in dem Hochgebirgskanton Wallis.

Höchster innerschweizer Berg

Der Dom in den Walliser Alpen ist mit einer Höhe von 4545 m ü. M. der höchste Berg, der mit seiner kompletten Basis innerhalb der Schweiz liegt. Benannt wurde er nach dem Domherrn von Sitten (Sion), Joseph Anton Berchtold, dem Erstvermesser der Mischabelgruppe (1833), zu der neben dem Teschhorn (4491 m) und der Lenzspitze (4294 m) auch der Dom gehört.

Saurierfossil

Wo die Saurier wohnten

Der Monte San Giorgio (1097 m) nahe dem Luganersee im Tessin ist als Saurierberg in die Geschichte eingegangen. Er ist die weltweit bedeutendste Fundstelle für marine Fossilien aus dem Mitteltrias vor 245 bis 230 Mio. Jahren. So wurden auf ihm u. a. Versteinerungen von Fischen, wirbellosen Tieren wie Insekten und Reptilien (darunter einige mit einer Länge von bis zu 6 m) gefunden. Sie können heute im Paläon-

Natur

Dufourspitze in den Walliser Alpen — 4634 m

tologischen Museum in Zürich und im Fossilienmuseum von Meride besichtigt werden. Im Sommer 2003 wurde das Gebiet rund um den Monte San Giorgio von der UNESCO zum Weltnaturerbe erklärt und sieben Jahre später um den südlichen, zu Italien zählenden Teil erweitert.

Höchster Grenzberg

Die Dufourspitze in den Walliser Alpen ist mit 4634 m ü. M. der höchste Berg der Schweiz auf der Grenze zu Italien. Er gehört zum Monte-Rosa-Massiv und zählt zu den Seven Second Summits, den zweithöchsten Gipfeln der sieben Kontinente. Ursprünglich wurde die Dufourspitze in der Schweiz „Gornerhorn"

Muggiotal im Tessin

und in Italien „Höchste Spitze" genannt, bis im 19. Jahrhundert festgestellt wurde, dass beide Namen denselben Berg bezeichneten. 1863 wurde der Grenzberg zu Ehren des Schweizer Generals und Kartografen Guillaume-Henri Dufour (1787–1875) umbenannt. Er gab das erste exakte Landkartenwerk der Schweiz, die Dufourkarte, heraus.

Piz Bernina

Der Piz Bernina ist der einzige Viertausender der Ostalpen und gleichzeitig der höchste Berg des Kantons Graubünden. Über seinen rund 4049 m hohen Bergstock verläuft die Staatsgrenze zwischen der Schweiz und dem Nachbarnland Italien.

Superlative im Wallis

Der Schweizer Kanton mit den höchsten Gipfeln und den meisten Gletschern ist Wallis. Hier befinden sich nicht nur die 4634 m hohe Dufourspitze, der Dom (4545 m), der Liskamm (4527 m), das Weisshorn (4505 m), das Täschhorn (4490 m) und das Matterhorn (4478 m), auch der Aletsch-, Gorner- und Fieschergletscher sind im südwestlichen Kanton zu Hause.

Malerisches Tal

Das Muggiotal ist das südlichste Tal der Schweiz. Das Gebiet umfasst die neun Gemeinden Bruzella,

Berge & Täler

Cabbio, Caneggio, Casima, Castel San Pietro, Monte, Morbio Superiore, Muggio und Sagno. Das Valle di Muggio ist ausserdem die kleinste Einheit der als Bergregionen eingestuften Gebiete des Tessins.

Temperaturextreme

Die höchste Temperatur, die je in der Schweiz gemessen wurde, betrug 41,5 °C (Stand Juni 2012). Sie wurde am 11. August 2003 in der Gemeinde Grono im Kanton Graubünden ermittelt. Die Stadt mit den höchsten Durchschnittstemperaturen ist Chur dank des warmen Föhns. Als ständig bewohnter Ort hält das Dorf La Brévine im Neuenburger Jura den Kälterekord mit genau –41,8 °C, dagegen ist Samedan in Graubünden mit 260 Tagen im Jahr unter 0 °C und durchschnittlich fünf Frosttagen im Juli die insgesamt kälteste Gemeinde. Den absoluten Kälterekord eines unbewohnten Schweizer Ortes hält die Glattalp, die in einer Mulde oberhalb von Bisisthal im Kanton Schwyz liegt. An diesem besonders kalten Ort wurde am 7. Februar 1991 sogar eine Temperatur von –52,5 °C gemessen.

Chur in Graubünden – die wärmste Stadt

Natur

Aare
Der längste gänzlich innerhalb der Schweiz verlaufende Fluss ist mit 288 km die Aare. Sie ist zugleich der mit Abstand grösste Nebenfluss des Rheins vor Main und Mosel und führt mehr Wasser als beide zusammen. Die Aare entspringt auf 2130 m Höhe den Aargletschern im Grimselgebiet und passiert Innertkirchen sowie die Aareschlucht oberhalb des Ortes Meiringen im malerischen Haslital. Die grössten Städte an der Aare sind Bern, Biel/Bienne und Thun.

Aare bei Innertkirchen im Kanton Bern

Rhein und Rhône
In der wasserreichen Schweiz entspringen im Gotthardmassiv mit dem Rhein und der Rhône zwei der längsten Flüsse Europas. Während der Rhein von seiner Quelle in Graubünden rund 375 km durch das Bergland strömt, fliesst die Rhône 264 km durch die Schweiz, bis sie Frankreich erreicht. Bei Basel verlässt der insgesamt 1200 km lange Rhein die Schweiz und fliesst weiter nördlich durch Deutschland und die Niederlande bis zu seiner Mündung in die Nordsee. Die Rhône (800 km) mündet südlich von Arles ins Mittelmeer.

Rheinufer in Basel

Flüsse & Seen

Von Solothurn nach Neuenburg
Der längste befahrbare Wasserweg der Schweiz befindet sich im Jura und Drei-Seen-Land. Eine Schifffahrt von Solothurn nach Neuenburg zählt mehr als 100 km. Schifffahrtsgesellschaften bieten Touren auf der Strecke an.

Grösstes Wasserschloss Europas
Da verschiedene europäische Ströme wie Rhein und Rhône ihren Ursprung in der Schweiz haben und wegen der über 1500 Seen wird das Alpenland auch das „Wasserschloss Europas" genannt. Allein 6% der gesamten europäischen Süsswasservorräte lagern in diesem Land.

Freier Fall bei Beltis
Der höchste frei fallende Wasserfall der Schweiz ist die mittlere Stufe der Seerenbachfälle mit einer Höhe von 305 m. Sie befinden sich bei Beltis am Walensee (Kanton St. Gallen) und stürzen in drei Kaskaden fast 600 m in die Tiefe. Bis zu einer Neuvermessung im Jahr 2006 galt der mittlere Teil der Seerenbachfälle nur als zweithöchster Fall nach dem Staubbachfall (297 m) im Berner Lauterbrunnen.

Ein echter Rheinfall
Der Fall mit der grössten Wassermenge Europas ist der Rheinfall auf dem Gebiet der Gemeinden Neuhausen im Kanton Schaffhausen sowie Laufen-Uhwiesen im Kanton Zürich. Bei rund 150 m Breite stürzt der Rhein vom Bodensee kommend aus 23 m Höhe über die Felsen. Die durchschnittliche Abflussmenge ist im Sommer 600 m^3 Wasser pro Sekunde. Im Jahr 1965 wurde die bislang höchste Wassermenge mit einem Wert von 1250 m^3 gemessen.

Höchster Wasserfall aus einem Guss
Der Mürrenbachfall im Lauterbrunnental gilt seit 2009 als der grösste Wasserfall der Schweiz. Zuvor war der 417 m hohe Mürrenbachfall als Kaskaden-Fall eingestuft

Rheinfall

Seerenbachfall

Mürrenbachfall

Natur

Staumauer „Grande Dixence" des Lac de Dix

Lago Maggiore im Tessin

Klöntalersee in Glarus

Flüsse & Seen

worden. Eine vertiefende Inspektion brachte jedoch an den Tag, dass es keine horizontalen Zwischenebenen gibt und dass das Wasser auf seinem Weg in die Tiefe bloss an einigen Stellen die Felsen berührt.

Lac des Dix

Der Lac des Dix im Kanton Wallis ist mit fast 400 Mio. m³ Wasser der grösste Speichersee der Schweiz. Seine Mauer „Grande Dixence" staut das Schmelzwasser von 35 Gletschern rund um Zermatt und bis ins Val d'Hérens. Sie ist die höchste in Europa und belegt Platz fünf in der Liste der höchsten Talsperren der Welt. Im Inneren der 285 m hohen Staumauer finden Führungen mit Licht- und Tonbildschauen statt. Auf die Mauerkrone führt eine Luftseilbahn.

Klöntalersee

Der durch einen Bergsturz entstandene Klöntalersee im Kanton Glarus ist der älteste grössere Speichersee der Schweiz. Er liegt auf einer Höhe von 848 m ü. M. und wird bereits seit dem Jahr 1908 für die Gewinnung von Elektrizität genutzt, wobei die Staumauer erst zwei Jahre später fertiggestellt wurde.

Tiefster Punkt der Schweiz

Die Ufer des Lago Maggiore sind mit einer Lage von 193 m ü. M. der tiefste Punkt der Schweiz. Fast ein Fünftel der 212,5 km² grossen Seefläche bedecken den italienischsprachigen Schweizer Kanton Tessin, vier Fünftel des Gewässers gehören zu den italienischen Regionen Lombardei und Piemont.

Nymphenfigur am Genfersee

Genfersee

Der Genfersee oder Lac Léman ist mit einer Gesamtgrösse von rund 580 km² der grösste Schweizer See, wobei etwa 345 km² auf Schweizer und 235 km² auf französisches Staatsgebiet entfallen. Ausserdem ist er neben dem ungarischen Plattensee das zweitgrösste Binnengewässer Mitteleuropas und mit einem durchschnittlichen Wasserinhalt von etwa 89 km³ das wasserreichste. Die Südwestspitze des Sees gehört zum namensgebenden Kanton Genf, das Nordufer zum Schweizer Kanton Waadt und das Südufer grösstenteils zum französischen Département Haute-Savoie. Mit dem berühmten Jet d'Eau bietet der Genfersee die höchste Wasserfontäne Europas (bis 140 m).

Natur

Unterirdischer See bei Saint Léonard im Wallis

Hölloch im Muotathal

Die längste Höhle im Alpenraum und das zweitgrösste Höhlensystem Europas ist das Hölloch im Schweizer Muotathal. Mit einer bislang bekannten Länge von rund 198 km ist sie sogar das achtgrösste Höhlensystem der Welt. Entdeckt wurde das Hölloch, dessen unterste Ebene mit Wasser gefüllt ist, im Jahr 1875 vom Bergbauern Alois Ulrich aus Stalden. Der Eingangsschlund mit seinen 77 m Tiefe liegt oberhalb eines Weilers und kann während einer Führung besichtigt werden.

In die Höhle hinunter

Die tiefste Höhle der Schweiz ist die Siebenhengste-Hohgant-Höhle im Kanton Bern mit einer Tiefe von 1340 m. Das Höhlensystem liegt im gleichnamigen schroffen Karstgebiet nördlich von Interlaken. Es besteht aus mehreren zusammenhängenden Höhlenteilen, die zusammen 156 km lang sind; damit ist sie nach dem Hölloch die zweitlängste Schweizer Höhle.

Hölloch im Kanton Schwyz

Aletschgletscher im Wallis

Höhlen & Gletscher

See unter den Felsen

Bei Saint Léonard im Kanton Wallis an der Hauptstrasse zwischen Sion und Sierre liegt der grösste unterirdische See Europas. Er ist 300 m lang, 20 m breit und 10 m tief. Jean-Jacques Pittard entdeckte 1943 die magische Welt unter Wasser. Bootstouren führen über das glasklare Gletscherwasser der Höhle, Baden ist in dem kalten Wasser allerdings nicht erlaubt.

Kanton der Gletscher

In den Walliser Alpen finden sich nicht nur einige der höchsten Berge der Alpen, sondern auch die meisten Gletscher. Die Insgesamt 33 der 50 im Kanton Wallis gelegenen Gletscher gehören dazu. Sie unterscheiden sich sehr stark in ihrer Grösse und Ausdehnung.

Aletschgletscher

Der längste und grösste Gletscher Europas ist der Aletschgletscher auf der Südabdachung der Berner Alpen im Kanton Wallis. Seine Länge beträgt 23,1 km, seine Gesamtfläche inklusive der Quellgletscher betrug bei einer Messung im Jahr 1973 rund 87 km². Der Gletscher hat seinen Ursprung in der rund 3800 m hohen Jungfrau-Gebirgsregion.

Natur

Baumriese Grossätti
Grossätti ist der Name der grössten Weisstanne Kontinentaleuropas, die im Plasselbschlund im Kanton Freiburg wächst. Der rekordträchtige Baum hat einen Stammumfang von 7,70 m und wird auf 450–500 Jahre geschätzt. Das ist umso bemerkenswerter, als die Weisstanne sehr anfällig für Schädlinge ist.

Linner Linde
Mächtigster Baum des Aargaus ist mit einer Höhe von 25 m und einem Umfang von 11 m die Linner Linde. Laut

Zweige der Weisstanne

Bettlereiche in Thun

einer Legende wurde sie zum Gedenken an die Pest um 1600 von einem der letzten überlebenden Linner Dorfbewohner gestiftet. Eine weitere Sage besagt, dass die Welt untergehe, wenn der Baum eines Tages nicht mehr seinen Schatten auf das Schloss Habsburg, den Stammsitz der gleichnamigen Dynastie wirft. Das Alter der Linner Linde wird auf 800 Jahre geschätzt.

Thuner Bettlereiche
Die berühmte Bettlereiche im Stadtteil Gwatt ist die grösste Stieleiche des Kantons Bern und die mit dem grössten Stammumfang in der Schweiz. Sie trägt ihren Namen, weil

Linde von Linn im Aargau

Pflanzen

früher fahrendes Volk und Bettler unter ihr Schutz fanden. Seit 1946 ist die Eiche, deren Alter auf 600 bis 700 Jahre geschätzt wird, ein kantonales Naturdenkmal.

Alt wie Methusalem

Der wahrscheinlich älteste Baum des Alpenraums ist eine rund 1500 Jahre alte Lärche in Obergesteln im Kanton Wallis. Der Nadelbaum hat einen Umfang von 7,40 m und ist bis in eine Höhe von 20 m hohl. Deshalb lässt sich sein Alter nicht ermessen, sondern nur schätzen.

Botanische Superlative

Im Botanischen Garten der Universität Basel blüht die grösste Blumenart der Welt: die Titanwurz. Sie gehört zur Familie der Aronstabgewächse und bringt den grössten unverzweigten Blütenstand im Pflanzenreich hervor. Die Basler Titanwurz erreichte am 22. April 2011 eine Länge von 193 cm und blühte 24 Stunden. Die nächste Blütezeit wird für 2014 erwartet.

Schweizer Pflanze

Das wollig-weissfilzige Edelweiss ist die wohl bekannteste Blume der Schweizer Alpen und das beliebteste Pflanzensymbol. So ist es u. a. auf dem Fünffrankenstück abgebildet, das Logo der Charterairline Edelweiss Air sowie ein Rangabzeichen von Generälen der Schweizer Armee.

Gegenblättriger Steinbrech

Unterhalb des Gipfels des Doms auf einer Höhe von 4505 m wächst der Gegenblättrige Steinbrech und ist damit die höchstgelegene Blütenpflanze Europas. Der Standort des purpurfarbenen Gewächses, das eine Wuchshöhe von 1 bis 5 cm erreicht, soll der weltweit kälteste Standort sein, an dem je eine Blütenpflanze gefunden wurde.

Gegenblättriger Steinbrech

Grösster Weihnachtsstern der Welt

Im Jahr 1990 wurde in Winterthur im Kanton Zürich der grösste Weihnachtsstern der Welt entdeckt. Sein Umfang betrug 5,8 m, ihn zierten rund 50 feuerrote Blüten. Weltweit zählt der beliebte Weihnachtsstern zu den zahlenmässig am häufigsten angebauten Zimmerpflanzen. Ein solch grosses Exemplar ist aber sehr selten.

Edelweiss

Gigant mit Hut

Der grösste Pilz der Schweiz, ein Dunkler Hallimasch, wurde im Nationalpark im Unterengadin gefunden. Er ist sage und schreibe rund 800 m lang sowie etwa 500 m breit und damit wahrscheinlich sogar der grösste Pilz Europas. Der Hallimasch lebt weitgehend im Boden und besteht aus einem gewaltigen Geflecht von wurzelähnlichen Fäden. Der in der Nähe des Ofenpasses entdeckte Pilz ist über 1000 Jahre alt und erreichte in diesem sehr langen Zeitraum seine Grösse.

Titanwurz

Natur

Röhrender Rothirsch

Grösstes freilebendes Wildtier
Der Rothirsch ist nicht nur die grösste Hirschart der Schweiz, sondern auch das mächtigste freilebende Wildtier in Mitteleuropa. Ein ausgewachsener männlicher Hirsch hat eine Schulterhöhe von bis zu 1,50 m und wiegt 170–220 kg. Nachdem um 1850 der Rotwildbestand in der Schweiz aufgrund intensiver Bejagung und Rodung des Waldbestandes fast vollständig ausgerottet war, bewohnen heute rund 26 000 Tiere grosse Teile der Bergwälder.

Kleinstes Säugetier
Die Etruskerspitzmaus ist nicht nur das kleinste Säugetier der Schweiz, sondern teilt sich mit der Schweinsnasenfledermaus sogar den Platz des kleinsten Säugetieres der Welt. Sie erreicht eine Kopfrumpflänge von nur 35 bis 48 mm und hat einen bis zu 30 mm langen Schwanz. Ausgewachsene Etruskerspitzmäuse wiegen nur 2,5 g. Ursprünglich galten die winzigen Tiere in der Schweiz seit über 100 Jahren als ausgestorben. Doch im Jahr 1995 entdeckte Peter Vogel, Biologieprofessor an der Universität Lausanne, im Kanton Tessin eines der Mäusewinzlinge mit dem Gewicht eines kleinen Fünfrappenstückes.

Etruskerspitzmaus

Aussergewöhnliche Amphibienart
Der in der Schweiz beheimatete Alpensalamander ist die einzige europäische Amphibie, die lebende Junge zur Welt bringt. Im Gegensatz zu den meisten seiner Artgenossen, die Eier in Gewässer ablegen, bringen die lebendgebärenden Alpenbewohner ein bis zwei voll entwickelte, 4 cm grosse, lungenatmende Kinder zur Welt, die unmittelbar nach der Geburt an Land lebensfähig sind.

Alpensalamander

Höckerschwan
Der Höckerschwan ist der schwerste flugunfähige Vogel der Schweiz. Bei einer maximalen Körperlänge von 160 cm wiegt ein ausgewachsenes Männchen zwischen 10,6 und 14,3 kg. Das Gewicht der Weibchen liegt mit ungefähr 10 kg erheblich darunter. Die Höckerschwäne sind vor allem deshalb bekannt, weil sie ein Leben lang monogam sind. Meistens knurren sie ein wenig oder zischen, wenn sie gereizt werden.

Tiere

Weissstorch

Der Schweizer Vogel mit dem längstem Schnabel ist der Weissstorch. Bis zu 19 cm kann dessen rötlicher Schnabel lang werden. Nachdem im Jahr 1950 die Weissstörche in der Schweiz fast gänzlich ausgestorben waren, siedeln seit den 1990er-Jahren wieder Storchpaare in einzelnen Kantonen. Dieser Erfolg ist nicht zuletzt Max Bloesch (1908–1997), einem Turnlehrer an der Universität Basel, zu verdanken, der eine Storchensiedlung in dem Ort Altreu aufbaute. Für seine Verdienste als Storchenvater wurde Bloesch 1983 mit einem Ehrendoktor der Universität Bern ausgezeichnet. Anders als im Volksglauben verbreitet, frisst der volkstümliche Vogel nur wenige Frösche, sondern viel lieber Insekten und Regenwürmer.

Höckerschwan

Weissstörche im Nest

Steinadler

Der Steinadler ist mit einer Flügelspannweite von bis zu 2,20 m der grösste Raubvogel der Schweiz. Schätzungsweise 3000 Brutpaare leben derzeit in den Schweizer Alpen. Steinadler jagen meist in offenen oder halboffenen Landschaften im bodennahen Flug. Sie gleiten dicht an Hängen entlang, über Kuppen und kleine Hügel und setzen beim Beutefang aus kurzer Distanz auf die Überraschung. Häufig jagen sie auch von einem Ansitz aus.

Steinadler mit Kopf und Kralle

Natur

Pfeilschnell – der Wanderfalke

Buchfink
Der häufigste Brutvogel der Schweiz ist der Buchfink. 2004 lebten über 1 Mio. Paare in den eidgenössischen Kantonen. Im Winter überwiegen jedoch die männlichen Buchfinken, da sie widerstandsfähiger als die kleineren Weibchen sind, die bei Kälte in den Westen und Süden ziehen. Das dürfte der Grund sein, weshalb der Buchfink den Namen Fringilla coelebs, der „ledige Fink", erhalten hat. In der warmen Jahreszeit sind die Weibchen wieder da.

Wanderfalke
Der in der Schweiz lebende Wanderfalke hält nicht nur im Reich der Lüfte den Geschwindigkeitsrekord, er ist im gesamten Tierreich der Schnellste. So kann er beim Sturzflug auf Beutetiere Spitzenwerte bis zu 250 km/h erreichen. Im Vergleich dazu ist das schnellste Landraubtier, der Gepard, mit einer Maximalgeschwindigkeit von 110 km/h fast „langsam".

Haubentaucher
Der Haubentaucher ist der beste Taucher der Schweizer Vogelwelt. Auf der Suche nach Fischen taucht er bis zu 20 m und mehrere Minuten lang in die Tiefen der Südwasserseen hinab. War er um 1900 in der Schweiz eher selten anzutreffen, ist er heute häufig an den Seen und Flüssen des Mittellandes, im Kanton Tessin z. B. am Lago Maggiore, am Lago di Lugano und auf dem Lago di Muzzano zu sehen.

Sommergoldhähnchen
Der kleinste in der Schweiz beheimatete Vogel ist das 9 cm grosse Sommergoldhähnchen. Es wiegt gerade einmal 6,5 g und hat nur eine Flügelspannweite von 13 bis 16 cm. Der kleine Vogel ist an dem gelbgrünen Rücken, dem weisslichgrauen Bauch und einem weissen Überaugenstreif zu erkennen. Das Sommergoldhähnchen überwintert meistens im Mittelmeerraum.

Kleiner Kerl – das Sommergoldhähnchen

Haubentaucher mit Beute im Schnabel

Tiere

Buchfink

Rebhuhn
Der Schweizer Vogel, der die meisten Eier pro Brut legt, ist das Rebhuhn. Mit 10 und knapp 30 Eiern hat er es auf die Vogel-Rekordliste des Alpenlandes geschafft. Drei bis vier Wochen werden die Eier meist von der Henne gebrütet, während der Hahn wacht. Die Legezeit liegt zwischen Mitte April und Juli.

Nachtschwärmer
Das Säugetier mit der grössten Population in der Schweiz ist die Fledermaus. Von den 83 lebenden Säugetierarten sind rund ein Drittel u. a. Alpenfledermäuse, Kleine Mausohren und Grosse Abendsegler. Insgesamt sind 30 verschiedene Spezies bekannt, von denen zwei bereits ausgestorben sind.

Freundin der Nacht – Fledermaus

Rebhuhn

Sumpfrohrsänger
Der Gesangsstar unter den Schweizer Vögeln ist der Sumpfrohrsänger. Er kann 212 Lautmotive anderer Vogelarten perfekt imitieren So sind in seinem abwechslungsreichen, sehr lebhaften „Geschwätz" beispielsweise Fragmente von Feldlerche, Rauchschwalbe, Amsel, Blaumeise, Feldsperling, Dorngrasmücke, Hänfling und Grünfink eingebaut. Der Sumpfrohrsänger und sein naher Verwandter, der Teichrohrsänger, sind Wirte des Kuckucks. In einigen Regionen sind mehr als ein Zehntel aller Nester, die häufig im Gebüsch von Gräben und Sümpfen liegen, mit einem Kuckucksei belegt.

Stimmgewaltig – der Sumpfrohrsänger

Politik

Erleuchtetes Bundeshaus in Bern

Politik

Erstes Staatsoberhaupt der Schweiz

Das Amt des ersten Bundespräsidenten der Schweiz übernahm 1848 Jonas Furrer (1805 bis 1861). Ulrich Ochsenbein (1811–1890) wurde Vizepräsident. Im November gewählt, nahm Furrer die Wahl erst im Dezember an. Die ausstehende Hauptstadtfrage wollte er erst entschieden wissen. Er wurde insgesamt viermal in seinem hohen Amt bestätigt: 1849, 1852, 1855 und im Jahr 1858.

Jonas Furrer

Wegen des Augenmasses und seiner Weitsicht gilt er als einer der bedeutendsten Politiker in der Anfangszeit des Schweizer Bundesstaats.

Hans Schaffner

Eine Menge Zeit

Das stolze Politikeralter von je 95 Jahren erreichten die beiden Schweizer Politiker Hans Schaffner (1908–2004) und Max

Rudolf Friedrich

hat damit die kürzeste Amtsdauer eines Bundesratsmitglieds inne. Bevor er sich politisch engagierte, hatte Perrier erfolgreich ein Architekturstudium abgeschlossen. Eine ähnlich kurze Amtszeit hatte rund sieben Jahrzehnte später Bundesrat Rudolf Friedrich, der von Dezember 1982 bis August 1984 amtierte. Er trat aus gesundheitlichen Gründen zurück und wurde als Fachpolitiker geschätzt. Friedrich war Mitglied der Freisinnig-Demokratischen Partei.

Numa Droz

Karl Schenk

Max Petitpierre

Jung und erfolgreich

Mit nur 31 Jahren wurde Numa Droz (1844 bis 1899) nach drei Wahlgängen in den Bundesrat gewählt. Den Posten behielt er bis 1892. Vor seiner politischen Karriere als jüngster Bundesrat war der Anhänger der liberal-radikalen Fraktion u. a. als Graveur einer Uhrenfabrik sowie als Lehrer tätig. 1881 und 1887 war er Bundespräsident der Schweiz.

Lange Ausdauer

Niemand zuvor und auch danach war so lange Mitglied des Bundesrates wie Karl Schenk (1823 bis 1895). Mit rund 31 Jahren (1864–95) weist der Vertreter der liberal-radikalen Fraktion die längste Amtsdauer eines Bundesratsmitglieds auf. Gleich sechsmal wurde der ehemalige reformierte Pfarrer zum Bundespräsidenten der Eidgenossen gewählt.

Petitpierre (1899 bis 1994). Sie sind innerhalb der Schweiz die Bundesräte mit der längsten Lebensdauer. Petitpierre wurde 1944 in den Bundesrat gewählt und verliess ihn 1961. Sein Kollege Schaffner amtierte 1961–69.

Nur wenig Zeit

Keine lange Amtszeit als Bundesrat war dem 1849 geborenen Louis Perrier vergönnt. Nur rund 13 Monate nach seiner Ernennung verstarb er 1913 im Amt. Er

Frau im Aussenamt

Das Jahr 2003 bedeutete für Micheline Calmy-Rey (* 1945) einen persönlichen historischen Augenblick. Sie wurde zur ersten Aussenministerin der Schweiz ernannt. Den Posten übte sie bis 2011 aus. Während ihrer Amtszeit überquerte Calmy-Rey 2003 als erste offizielle Regierungsvertreterin aus dem Ausland die Demarkationslinie zwischen Nord- und Südkorea.

Ämter & Personen

Micheline Calmy-Rey

Ruth Dreifuss

An der Macht

Ruth Dreifuss (* 1940) wurde im Jahr 1999 zur ersten Schweizer Bundespräsidentin und damit zum Staatsoberhaupt gewählt. Ihre Ernennung war im Ausland von grossem medialem Interesse begleitet. Dreifuss war im Jahr 1993 die erste Politikerin im Bundesrat mit jüdischen Wurzeln. Die Sozialdemokratin und ehemalige Gewerkschafterin legte schliesslich am 31. Dezember 2002 nach neun Jahren ihre politischen Ämter nieder.

Kleine Revolution im Bundesrat

136 Jahre lang war der Schweizer Bundesrat eine männliche Angelegenheit. Elisabeth Kopp (*1936) von der Partei FDP schaffte es 1984 als erste Frau in die Bundesregierung der Eidgenossenschaft. Sie setzte sich während ihrer Amtszeit u. a. für die Besserstellung der Frauen in der Gesellschaft ein, für die Bekämpfung des Drogenhandels, einen besseren Kündigungsschutz im Miet- und Arbeitsvertragsrecht, für die Aktienrechtsrevision und den Umweltschutz, ein zu ihrer Zeit noch junges Thema in der Schweiz. Ausserdem befürwortete sie den UNO-Beitritt der Schweiz, den das Volk mehrheitlich ablehnte. 1989 trat sie nach einer Politik- und Medienaffäre zurück, nachdem eine Firma, in der ihr Mann im Verwaltungsrat war, in den Verdacht der Geldwäsche geraten war und sie departementsinterne Informationen unberechtigterweise weitergegeben hatte.

Elisabeth Kopp 1984 bei der Vereidigung als Bundesrätin

Politik

Erste Bundesverfassung

Die erste Bundesregierung der Schweiz

Recht und Ordnung

Innerhalb der Schweizer Geschichte markiert der 12. September 1848 ein wichtiges Datum – an diesem Tag trat die erste Bundesverfassung in Kraft. Dieser Moment bedeutete auch den Zusammenschluss des vormaligen Staatenbunds zu einem Bundesstaat. Die Verfassung stärkte die zentralistischen Aspekte, viele Rechte und Pflichten, die bis dahin in der Kompetenz der Kantone lagen, wurden an den Staat übertragen. Die wichtigste Neuerung war die Schaffung des Zweikammersystems aus National- und Ständerat, deren Sitze in demokratischen Wahlen besetzt wurden, und des Bundesrats aus sieben gleichberechtigten Mitgliedern. Das Amt des Bundespräsidenten wechselte turnusgemäss jedes Jahr.

Erste Regierung

Jonas Furrer, Ulrich Ochsenbein, Daniel-Henri Druey, Martin J. Munzinger, Stefano Franscini, Wilhelm Matthias Naeff und Friedrich Frey-Herosé gehörten dem ersten Schweizer Bundesrat an. Die Wahlen fanden am 16. November 1848 statt. Die sieben Bundesräte waren alle Teil der liberal-radikalen Fraktion, aus der sich später über verschiedene Stationen die liberale Schweizer Partei FDP entwickelte.

Rekordhalter beim Abstimmen

In keinem Land der Welt werden die Bürger so oft an die Wahlurne gerufen wie in der Schweiz. Rund viermal pro Jahr stimmen die Eidgenossen durchschnittlich ab. Seit der Gründung des Bundes-

Stimmabgabe beim Urnengang

staates wurde über nicht weniger als 562 Gesetzesvorlagen entschieden, und in dieser Summe sind die zahlreichen kommunalen sowie kantonalen Vorlagen noch nicht einmal enthalten.

Gesetze & Institutionen

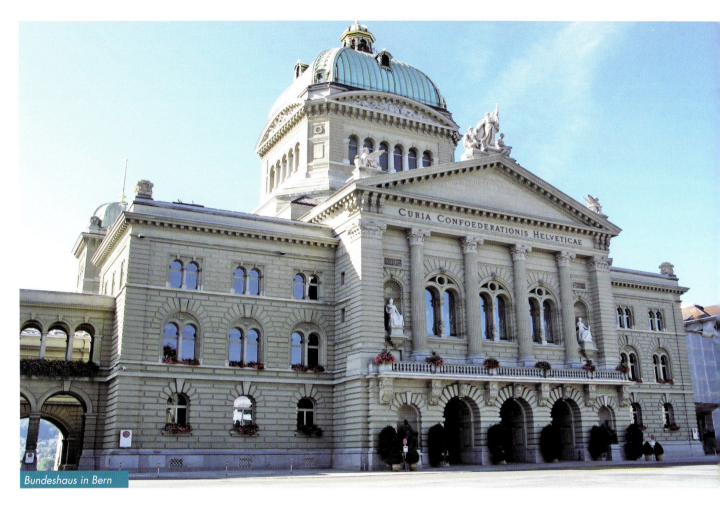
Bundeshaus in Bern

Bundeshaus in Bern
Als Sitz der Regierung und des Parlaments ist das Bundeshaus in Bern die wichtigste politische Stätte der Schweiz. Es wurde von Hans Wilhelm Auer (1847–1906) ab 1894 erbaut und 1902 eingeweiht. 2006–08 wurde das Parlamentsgebäude erstmals in seiner über 100-jährigen Geschichte umfassend renoviert und umgebaut.

Trub im Emmental
Das Dorf Trub im Emmental ist 2008 als „stimmfaulste Gemeinde" in die Annalen der Schweizer Geschichte eingegangen. Ungefähr 150 Auslandsschweizer aus Trub sind hier noch als Stimmberechtigte immatrikuliert. Da sie kaum abstimmen, ziehen sie die Stimmbeteiligung nach unten.

Gemeinde Trub im Emmental

Langer Atem für das Frauenwahlrecht
Lange mussten die Schweizer Frauen auf ihr Stimmrecht warten. Die Gemeinde Unterbäch führte 1957 als Erste das Frauenwahlrecht ein. Dies war zu dem Zeitpunkt im Kanton Wallis eigentlich verboten. Die Gemeinde wird daher auch „Rütli der Schweizer Frau" genannt. Das generelle Frauenstimmrecht im Land wurde erst im Jahr 1971 genehmigt. Die Frauen in Appenzell Innerrhoden mussten sogar bis zum Jahr 1990 warten, bis sie abstimmen durften. Das Schweizer Bundesgericht in Bern hatte einer Klage von mehreren Appenzeller Frauen stattgegeben und die Kantonsverfassung schliesslich für verfassungswidrig erklärt.

Prominente

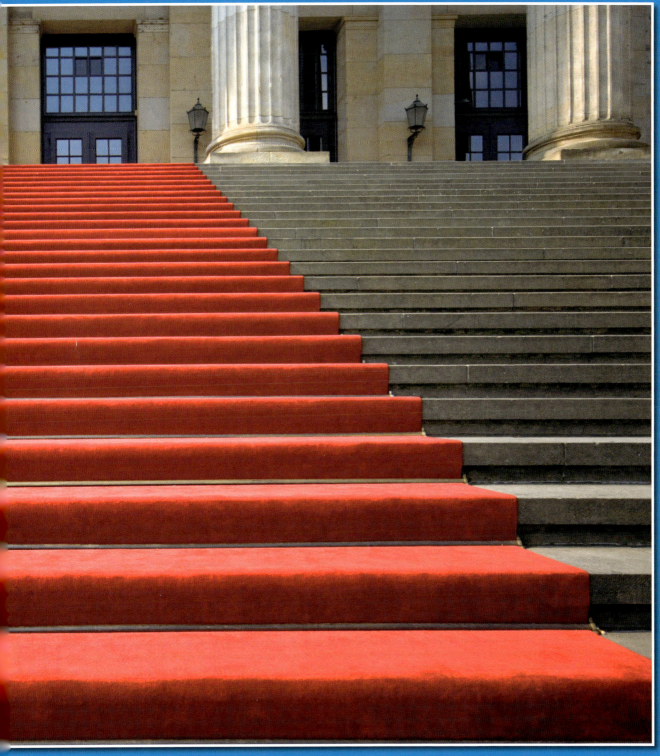

Roter Teppich für die Prominenz

Prominente

Heilung ohne Medikamente

Sein genaues Geburtsdatum ist nicht gesichert, fest steht jedoch, dass Paracelsus der berühmteste Arzt der Schweiz ist. Geboren wurde er vermutlich am 10. November 1493 unter dem Namen Philippus Theophrastus Aureolus Bombast von Hohenheim in Egg bei Einsiedeln, er studierte an der Universität zu Basel. Der Mediziner sprach sich strikt gegen die vorherrschende Viersäftelehre (Sangui-

Paracelsus

Paracelsus-Denkmal in Einsiedeln

niker, Choleriker, Melancholiker, Phlegmatiker) aus. Krankheiten betrachtete er als Ungleichgewicht der Grundsubstanzen Schwefel (Sulphur), Quecksilber (Merkurius) und Salz (Sal), eine Heilung erfolge durch die Wiederherstellung dieses Gleichgewichts.

Reformation in der Schweiz

Der aus dem St. Gallener Land stammende Ulrich Zwingli (1484–1531) und der gebürtige Franzose Johannes Calvin (1509–1564) sind die berühmtesten Reformatoren der Schweiz. Zwingli, der auf die Gründung einer Volkskirche und den Einsatz der Predigt setzte, etablierte die Reformation in Zürich. Calvin begründete in Genf die nach ihm benannte protestantische Lehre und trug Zwinglis Theologie weiter.

Herr der Zahlen

Der berühmteste Schweizer Mathematiker stammte aus einer Gelehrtenfamilie. Daniel Bernoulli (1700–1782) entdeckte die Grundprinzipien der Hydrodynamik. Er untersuchte die Strömung von Flüssigkeiten und formulierte das Prinzip, dass der Druck, der von einer Flüssigkeit ausgeübt wird, umgekehrt proportional zu ihrer Strömungsgeschwindigkeit ist (Bernoulli-Prinzip). Mit Leonhard Euler (1707–1783) entwickelte er die nach ihm benannten Gleichungen.

Philosoph der Aufklärung

Der in Genf geborene Jean-Jacques Rousseau (1712–1778) gilt als der bedeutendste französisch-schweizerische Philosoph. Der grosse Aufklärer war einer der geistigen Wegbereiter der Französischen Revolution von 1789.

Johannes Calvin

Ulrich Zwingli

Jean-Jacques Rousseau

Geschichte

Pestalozzi-Denkmal in Zürich

Ferdinand de Saussure

Marie Heim-Vögtlin

Nachdem er den „Ursprung und die Grundlagen der Ungleichheit unter den Menschen" (1755) untersucht hatte, beschrieb er in seiner Schrift „Vom Gesellschaftsvertrag" (1762) die Prinzipien des modernen Staatsrechts, das auf der Gleichheit aller Bürger und der Gewaltenteilung beruht. Sein Werk „Emile oder Über die Erziehung" (1762) hatte beträchtlichen Einfluss auf die moderne Pädagogik.

Vater der Pädagogik
Erziehung zur Selbstständigkeit im demokratischen Gemeinwesen, Anschauung statt Gelehrtenweisheit – das waren die Maximen des bekanntesten Schweizer Pädagogen Johann Heinrich Pestalozzi (1746–1827). Die Elementarbildung vor der Schule in der Familie sah er als eminent wichtig an. Mit seiner Idee der ganzheitlichen Volksbildung mit »Kopf, Herz und Hand« war er einer der Vorläufer moderner Reformpädagogen.

Moderne Sprachforschung
Der Schweizer Ferdinand de Saussure (1857 bis 1913), einer der einflussreichsten Sprachforscher, sah einen systematischen Zusammenhang zwischen allen sprachlichen Erscheinungen. Er unterschied bei seinen wissenschaftlichen Analysen zahlreicher Sprachen die Sprechakte (parole) von dem Sprachsystem (langue) und der Sprachfähigkeit (langage). Mit seiner Schrift „Grundfragen der allgemeinen Sprachwissenschaft" (1916) begründete er die moderne Linguistik.

Pionierarbeit für Frauen
Marie Heim-Vögtlin (1845–1916) kommt in der Schweiz eine Sonderstellung zu. Als erste Frau der Bundesgenossenschaft studierte sie ab 1868 an der Universität Zürich Medizin. Dies kam einem Skandal gleich. Für die Zulassung zum Abschlussexamen musste ihr Vater eine Einwilligung einholen, später musste er auch ihre Zulassung für eine Arztpraxis unterstützen. Nach ihrer Doktorprüfung 1874 eröffnete Heim-Vögtlin als erste Schweizer Ärztin eine Praxis.

Schutz der Soldaten
Auf Betreiben des Schweizer Humanisten Henri Dunant (1828 bis 1910) entstand 1863 das Internationale Komitee vom Roten Kreuz als weltweit erste Organisation, die sich mit der Pflege im Krieg verwundeter Soldaten beschäftigte. Die blutige Schlacht

Prominente

Henri Dunant

am 24. Juni 1859 in Solferino zwischen Frankreich und Österreich hatte ihn zu diesem Schritt bewogen. Als erster Schweizer und erste Person überhaupt erhielt Dunant 1901 zusammen mit dem französischen Pazifisten Frédéric Passy (1822 bis 1912), Initiator der ersten Friedensliga, den Friedensnobelpreis. Dunant wurde für die Gründung des Roten Kreuzes und als Initiator der Genfer Konvention (1864) ausgezeichnet.

Chemie ohne Kohlenstoff

Die wissenschaftliche Leidenschaft von Alfred Werner (1866–1919) war die anorganische Chemie. Für seine Arbeiten in diesem Bereich verlieh ihm das Stockholmer Komitee 1913 als erstem Schweizer den Chemienobelpreis. Der Ausschuss hob vor allem seine Forschungen über die Bindungsverhältnisse der Atome im Molekül hervor. Werner wurde im Elsass geboren und erhielt 1895 die Schweizer Staatsbürgerschaft.

Bis ins kleinste Detail

Für die Präzisionsmessung in der Physik und die Entdeckung der Eigenheiten der Stahl-/Nickelverbindung verlieh die Nobelpreisjury Charles Édouard Guillaume (1861–1938) im Jahr 1920 als erstem Schweizer den Physiknobelpreis. Durch seine Forschungen auf diesem Gebiet konnte u. a. die Ausarbeitung von Thermostaten erheblich verbessert werden. Von 1915 bis 1936 war Guillaume Direktor des Bureau International des Poids et Mesures in Sèvres in der Nähe von Paris.

$E = mc^2$

Seinen Namen kennen schon die Kleinsten, auch Nicht-Physiker haben schon einmal etwas von der Relativitätstheorie gehört. Albert Einstein (1879–1955) ist der berühmteste Nobelpreis-

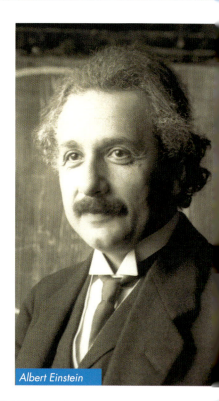
Albert Einstein

Hubschrauber des Schweizer Roten Kreuzes

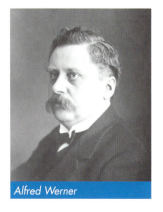
Alfred Werner

träger der Bundesgenossenschaft. In Deutschland geboren, erhielt der Forscher später u. a. auch die schweizerische und die US-amerikanische Staatsbürgerschaft. Er besuchte 1895 die Kantonsschule in Aarau im Kanton Aargau und studierte 1896 bis 1900 an der Eidgenössischen Technischen Hochschule in Zürich, 1909–11 war er an der Universität Zürich Professor. Für seine 1905 veröffentlichte Erklärung des photoelektrischen Effekts wurde ihm in Stockholm der Physiknobelpreis (1921) verliehen.

Geschichte

Arzt mit Weitblick
Emil Theodor Kocher (1841–1917) war nicht nur der erste Schweizer Medizinnobelpreisträger (1909), sondern auch der erste Chirurg, der mit dieser Auszeichnung geehrt wurde. Zu seinen herausragenden Arbeiten gehörte die Entwicklung der ersten antiseptischen Wundversorgung. Zudem war er ein Experte für die Behandlung von Schusswunden, wie sie im Ersten Weltkrieg tausendfach vorkamen. Von 1872 bis 1911 war er Professor in Bern, wo er das Inselspital leitete.

Emil Theodor Kocher

Carl Spitteler

Fiktive Welten
Zu den bekanntesten Werken von Carl Spitteler (1845–1924), der 1919 als erster Bürger der Alpenrepublik den Literaturnobelpreis erhielt, gehören das Epos „Prometheus und Epimetheus" (1881) sowie „Olympischer Frühling" (1905). Im Jahr 1897 schrieb er den Reiseführer „Der Gotthard".

Form und Fläche
Seine Bauwerke sind auf der ganzen Welt verbreitet und werden überall hochgelobt: Le Corbusier (1887–1965), eigentlich Charles-Édouard Jeanneret-Gris, kann wahrlich als berühmtester Schweizer Architekt bezeichnet werden. Er fertigte u. a. 1950–54 den Entwurf für die Wallfahrtskirche Chapelle Notre-Dame-du-Haut de Ronchamp in Frankeich. Die futuristische Kapelle zeichnet sich vor allem durch ihren asymmetrischen Grundriss und die ungewöhnliche Formgebung einzelner Räume aus. In Marseille schuf Le Corbusier 1945–52 einen vielgeschossigen Wohnkomplex.

Kirche in Ronchamp von Le Corbusier

Prominente

Mit den eigenen Händen schaffen

Mit seinen Arbeiten in den Bereichen Kubismus und Surrealismus avancierte Alberto Giacometti (1901–1966) zum berühmtesten Bildhauer der Schweiz. Werke wie „Löffelfrau" (1926), „Mann, Frau, Kind" (1931) und „Die Nase" (1947) machten ihn berühmt. Viele seiner Skulpturen stellen Personen mit überlangen, weit gestreckten sowie gedehnten Armen, Beinen und Köpfen dar.

Carl Gustav Jung

Blick in die Seele

Der berühmteste Schweizer Psychologe Carl Gustav Jung (1875 bis 1961) begründete die analytische Psychologie. Anders als der österreichische Arzt Sigmund Freud (1856–1939), der Begründer der Psychoanalyse, betrachtete er die Sexualität nicht als einzige und wichtigste Triebquelle des Menschen. Ihn prägten auch allgemeinmenschliche „Archetypen" als das „kollektive Unbewusste". Jung unterschied zwischen dem extrovertierten und dem introvertierten Charakter und widmete sich intensiv der Erforschung des Okkulten.

Jean Piaget

Ins Innerste schauen

Mit seinen Ansichten zur genetischen Epistemologie, einem Teilaspekt der Erkenntnistheorie, erregte Jean Piaget (1896 bis 1980) weltweit grosse Beachtung. Er untersuchte die geistigen Entwick-

Giacometti-Skulptur „Frau auf dem Wagen" (1942/43) vor dem Rathaus in Holstebro in Dänemark

Geschichte

lungsstufen des Kindes von den Raum- und Zeitvorstellungen bis zum moralischen Urteil. 1929–54 lehrte der Schweizer Psychologe an der Universität Genf als Professor für Psychologie. In Genf gründete er das Centre International d'Epistémologie. Zu seinen wichtigsten Werken zählt die Arbeit „Das Wachsen des logischen Denkens von der Kindheit bis zur Pubertät" (1958).

Lachen ist gesund

Grock alias Adrian Wettach (1880–1959) war nicht nur der berühmteste Clown der Schweiz, sondern auch international einer der gefeierten Grimassenzieher. Seine humorigen Auftritte in riesigen Schuhen und grosser Schlabberhose und mit winzigen Instrumenten verband er mit musikalischen und akrobatischen Einlagen. Sein bekanntester Ausspruch war das langgezogene „Nit mööööglich!"

Unendliche Tiefe

Tief hinab ging es für Jacques Piccard (1922 bis 2008), den bedeutendsten Tiefseeforscher der Welt. Mit seinem U-Boot „Trieste" machte er sich am 23. Januar 1960 auf zum tiefsten Punkt der Erde. Nach 10 916 m erreichte der Ozeanograf zusammen mit dem US-amerikanischen Marineleutnant Don Walsh (* 1931) den Grund der Challengertiefe im Marianengraben im Pazifik. Sein Vater Auguste Piccard (1884 bis 1963) erreichte 1932 über Zürich in einem Ballon eine Höhe von 16 201 m. Im Jahr 1953 tauchte er mit seinem U-Boot „Bathyscaphe" 3150 m tief ins Tyrrhenische Meer (Mittelmeer) hinab.

Barrakuda am Meeresgrund

Alter Tauchhelm

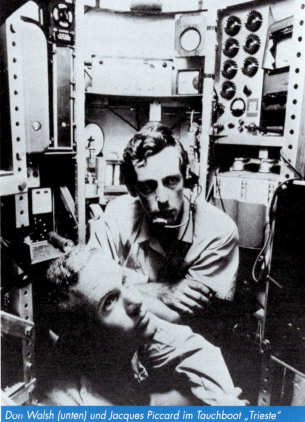
Don Walsh (unten) und Jacques Piccard im Tauchboot „Trieste"

Prominente

Bruno Ganz

Josef Ackermann

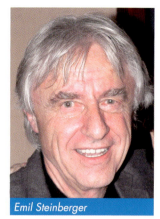
Emil Steinberger

Träger des Iffland-Ringes

Der international erfolgreiche Schweizer Schauspieler Bruno Ganz (* 1941) ist seit 1996 lebenslang Träger des Iffland-Ringes, den der Schauspieler und Theaterdirektor August Wilhelm Iffland (1759–1814) am 13. Januar 1782 am Mannheimer Nationaltheater in der Uraufführung von Friedrich Schillers Drama „Die Räuber" trug. Damit gilt Ganz als der „bedeutendste und würdigste Bühnenkünstler des deutschsprachigen Theaters". Im Kino war er u. a. in Wim Wenders' „Der amerikanische Freund" (1977) sowie „Der Himmel über Berlin" (1987) zu sehen.

Stararchitekt

Mario Botta (* 1943), der bekannteste Schweizer Architekt, hat in seinem Heimatkanton Tessin u. a. die Banca del Gottardo in Lugano (1982–87) und die Chiesa di San Giovanni Battista in Mogno (1996–98) gebaut. Die Stadt San Francisco verdankt ihm das Museum of Modern Art (1990 bis 1995) und die deutsche Stadt Dortmund die moderne Stadt- und Landesbibliothek (1998/98). Botta setzt Materialien wie Natur- und Backstein oder Beton in seinem rationalistischen Stil in eine streng geometrische und einfache Formensprache um und bezieht Licht- und Schatteneffekte ein.

Mann des Geldes

Er ist der bekannteste Schweizer Bankmanager: Josef Ackermann (* 1948). Nachdem er 1977 seinen Doktortitel im Bereich Wirtschaftswissenschaft erworben hatte, arbeitete er zunächst bei der Schweizerischen Kreditanstalt SKA (heute: Credit Suisse). Später wechselte er u. a. zur Deutschen Bank. 2002–06 war er dort Vorstandssprecher, danach bis Ende Mai 2012 alleiniger Vorsitzender des Vorstands und des Group Executive Committee. Er war der erste ausländische Vorstandsvorsitzende der grössten deutschen Bank. Seit Juni 2012 ist Ackermann Verwaltungsratspräsident bei der Zurich Insurance Group.

Humor der besonderen Art

Für viele ist er einfach nur Emil. 1977–86 schlüpfte Emil Steinberger (* 1933) gleich mehrfach in die Rolle seiner Erfolgsfigur. Die Tourneen des berühmtesten Schweizer Kabarettisten und Humoristen waren stets ausverkauft. Darüber hinaus spielte er in dem Erfolgsfilm „Die Schweizermacher" (1978) mit, ersann rund

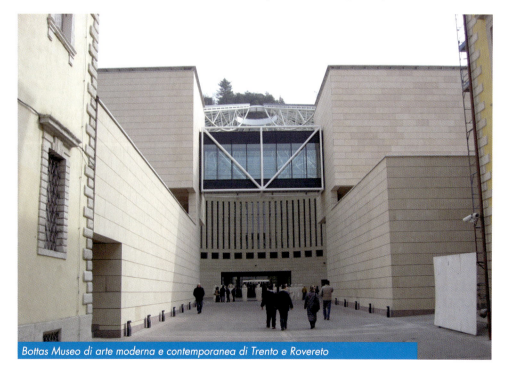
Bottas Museo di arte moderna e contemporanea di Trento e Rovereto

Gegenwart

Ursula Andress

Maximilian Schell

100 Werbespots für die Kaffeemarke Melitta und war Teil des Rateteams in der Sendung „Ja oder Nein" (1990–91).

Erfolg mit Bikini

In der Filmwelt ist die Szene im Streifen „James Bond jagt Dr. No" (1962), in der Ursula Andress (* 1936) als erstes Bond-Girl verführerisch dem Meer entsteigt, unvergessen. Die blonde Schweizerin verdrehte als Muscheltaucherin Honey Ryder nicht nur dem Geheimagenten 007 (Sean Connery) den Kopf. Fortan wurde Andress weltweit als Sexsymbol gefeiert. Für ihre Rolle erhielt sie den Golden Globe Award in der Kategorie beste Nachwuchsdarstellerin. In ihren weiteren Filmen konnte sie nicht an den Bond-Erfolg anknüpfen.

Schweizer Mime in Hollywood

Die Figur des Verteidigers Hans Rolfe in dem Film „Das Urteil von Nürnberg" (1961) über die Kriegsverbrecherprozesse war seine Paraderolle. Maximilian Schell (* 1930) wurde 1962 als bisher einziger Schweizer mit einem Oscar als bester Hauptdarsteller ausgezeichnet. Ebenfalls für die begehrte Auszeichnung nominiert waren seine Filme „Der Fussgänger" (1974), „The Man in the Glass Booth" (1976) und „Julia" (1978). Schell drehte weitere Hollywoodfilme wie „Topkapi" (1964), „Die Brücke von Arnheim" (1977) und „Lawinenexpress" (1979). Als Regisseur filmte er u.a. die Dietrich in „Marlene" (1984).

Hits mit Elektropop

In den 1980er-Jahren war das Duo Yello die erfolgreichste Schweizer Musikgruppe im Ausland. Dieter Meier (Gesang) und Boris Blank (Synthesizer) trafen u. a. mit dem Titel „The Race" (1988) den Nerv der Deutschen. Das Lied wurde als Einspielmelodie für die Fernsehsendung „Formel Eins" auserkoren. Yellos Werke fanden auch in Filmen wie „Ferris macht blau" (1986) und „Das Geheimnis meines Erfolges" (1987) sowie in der US-Fernsehserie „Miami Vice" Verwendung. 2009 stand der Titel „Touch Yello" 24 Wochen auf Platz 1 der Schweizer Hitparade.

Die Party beginnt

Der ehemalige Konditor und Bäcker Peter René Baumann (* 1968) entschied sich Ende der 1980er-Jahre fortan als Diskjockey seine Brötchen zu verdienen. Als DJ BoBo veröffentlichte er im Stil von Pop und Dancefloor u. a. die Hits „Everybody" (1994) und „Freedom" (1996). In Deutschland stellte er 1996 mit acht Goldenen Schallplatten in Folge einen neuen Rekord auf. Bisher wurde DJ BoBo zehnmal mit dem World Music Award in der Kategorie The World's Best Selling Swiss Recording Artist ausgezeichnet.

DJ BoBo beim Eurovision Song Contest 2007 in Helsinki

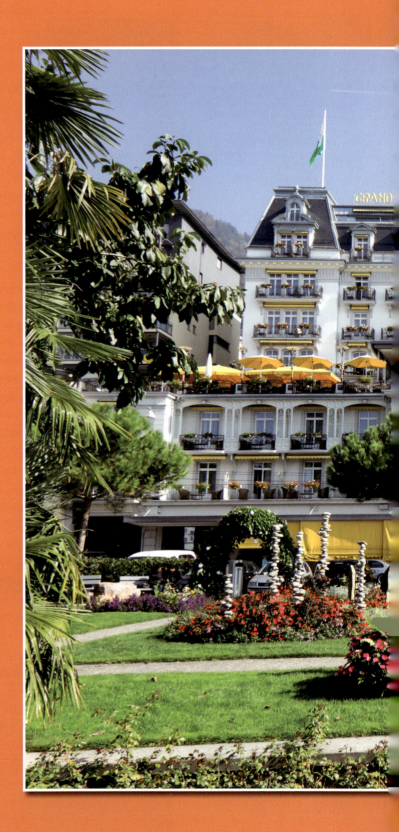
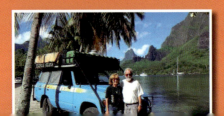

Reisen

Grandhotel Suisse in Montreux

Reisen

Hotel mit Geschichte
Das erste Hotel der Schweiz und eines der ältesten Stadthotels Europas ist das „Drei Könige" bzw. „Les Trois Rois" in Basel. Erstmals erwähnt wurde es 1681 als „Herrenherberge und Gasthof zu den drei Königen". Das heutige Gebäude des Luxushotels, das direkt am Rhein liegt, wurde 1844 im Stil der Belle Époque nach Plänen des Architekten Amadeus Merian (1808 bis 1889) erbaut. Napoleon Bonaparte, Königin Elisabeth II., der Maler Pablo Picasso, der Schriftsteller Thomas Mann und viele andere Prominente übernachteten hier. Auf einem der bekanntesten Fotos ist Theodor Herzl 1901 während des 5. Zionistenkongresses auf dem Hotelbalkon zu sehen.

Reichlich Platz
Gäste haben im Vier-Sterne-Hotel Crowne Plaza Geneva zahlreiche Möglichkeiten zum Entspannen: Das Hotel mit den meisten Zimmern in der Schweiz verfügt über 496 Schlafräume. Der nationale Rekord wurde erst durch einen Anbau möglich, der am 1. Oktober 2003 feierlich eröffnet wurde. Das Hotel liegt im Viertel Cointrin unweit des Flughafens und des Stadtzentrums. In der Nähe ist auch das Kongresszentrum Palexpo, der jähr-liche Gastgeber für die traditionelle Automobilmesse Le Salon International de l'Auto.

Hoch hinaus
32 Stockwerke müssen überwunden werden, um das Dach des höchsten Schweizer Hotels im Geschäftsviertel Zürich-Oerlikon zu erklimmen. Insgesamt 85 m misst das Swissôtel Zürich. Im obersten Stockwerk ist das Spa & Sport Center untergebracht. Den heimischen und ausländischen Besuchern stehen 347 elegant und modern eingerichtete Zimmer und Suiten zur Verfügung. Viele Räume bieten einen schönen Ausblick auf Zürich und die schneebedeckten Alpen.

Vegetarisch speisen
Das älteste ohne Unterbrechung geöffnete vegetarische Restaurant Europas ist das Haus Hiltl an der Sihlstrasse in

Hotel „Drei Könige" in Basel

Swissôtel in Zürich

Hotels & Restaurants

Restaurant Hiltl in Zürich

Zürich. Es hat eine über 100-jährige Tradition und ging aus der 1897 von deutschen Einwanderern gegründeten „Vegetaria AG" hervor. Seitdem der Schneidergeselle Ambrosius Hiltl (1877–1969) im Jahr 1903 die Rolle des Geschäftsführers übernahm, floriert der ehemalige „Wurzelbunker", wie ihn Spötter anfangs nannten. Im Jahr 1931 war das Hiltl das erste Restaurant Zürichs mit vollelektrischer Restaurantküche. Heute ist es immer noch in Familienbesitz und beinhaltet neben dem Restaurant und Takeaway eine Bar und ein vegetarisches Kochstudio.

Schöne Aussicht

Lange Zeit war es das höchste bewohnbare Gebäude der Schweiz. Der Messeturm Basel ragt stolze 105 m in die Höhe. Das Besondere an dem Bauwerk ist jedoch sein „Innenleben". Zwischen dem fünften und 14. Stockwerk ist das Ramada Plaza Hotel & Conference Center untergebracht. Es verfügt über 224 Zimmer mit 345 Betten. Seit dem Jahr 2011 ist der Prime Tower in Zürich mit rund 126 m und 36 Etagen das höchste bewohnbare Gebäude der Schweiz, allerdings wird es überwiegend als Bürofläche genutzt. Im obersten Stockwerk befindet sich ein Restaurant mit Bar und Lounge.

Messeturm in Basel

Prime Tower in Zürich

Reisen

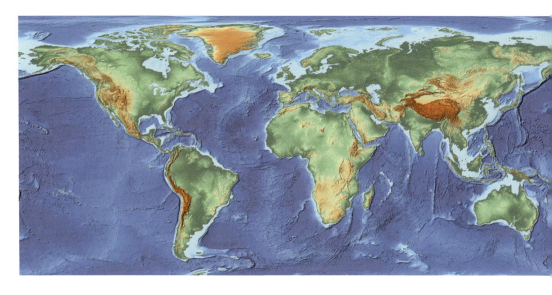

Geliebte Heimat
Das beliebteste Urlaubsziel der Schweizer ist und bleibt das eigene Land. Rund 6,6 Mio. Reisen im Jahr 2010 führten in eine Stadt der Eidgenossenschaft. Italien konnte sich mit etwas mehr als 2 Mio. Reisen als beliebtestes ausländisches Ziel durchsetzen, dicht gefolgt von Deutschland. Zuvor hatte stets Frankreich die Spitzenposition innegehabt. Mit einem Minus von 28% gegenüber dem Vorjahr verlor es gewaltig an Zuspruch. Einer der Gründe könnten vielleicht die langen Auseinandersetzungen zwischen den eidgenössischen und den deutschen Behörden über die Behandlung von Steuerflüchtlingen sein.

Rund um die Welt
Liliana und Emil Schmid sind ständig auf Achse. Das Schweizer Ehepaar befindet sich auf der längsten Weltreise, die mit einem Fahrzeug zurückgelegt wird. Seit 1984 sind sie ohne Unterbrechung in einem Land Cruiser unterwegs und haben inzwischen 172 Länder bereist. Seit 1997 steht die nun schon über 27 Jahre dauernde Weltumrundung in dem „Guinness Buch der Rekorde". Auf www.weltrekordreise.ch berichten die beiden Weltenbummler von ihren vielfältigen Erlebnissen.

Auf nach Übersee
Die USA geniessen bei den Schweizern hohes Ansehen, zumal viele Auswanderer in die Neue Welt kamen. Das Land der unbegrenzten Möglichkeiten war 2010 das beliebteste Feriendomizil der Bundesgenos-

Schweizer Globetrotter Liliana und Emil Schmid

Einwanderungsland USA – New Yorker Freiheitsstatue

Reiseziele & Routen

sen ausserhalb Europas. Dahinter lagen Länder wie Ägypten, Thailand und Tunesien. Auch umgekehrt verhält es sich ähnlich: Besonders in den 1970er-Jahren war die Alpenrepublik bei US-Touristen sehr beliebt.

Flagge am Felsen
Die grösste Schweizer Fahne misst 31 x 31 m. Seit dem Jahr 2001 wird sie jährlich in der Hauptreisezeit zwischen Juli und September über der Gemeinde Vitznau im Kanton Luzern gehisst. Platziert wird sie an einem Felsvorsprung im Rigimassiv, dem Steigelfadbalm-Dossen. Die weithin sichtbare Touristenattraktion bringt rund 400 kg auf die Waage und ist aus luftdurchlässigem Material gefertigt.

Schweizer Flagge

Ab in die Ferne
Rund 70 000 Besucher informierten sich vom 31. Januar bis 3. Februar 2012 in Zürich auf der FESPO, der grössten eidgenössischen Messe für Ferien und Reisen, über Reisetrends und das Gastland Costa Rica. Die rund 600 Aussteller gaben in der Messe Zürich Tipps und Hinweise zu den beliebtesten Ferienzielen. Auf dem vielfältigen Messeprogramm standen Bahnen und Bergbahnen, Busunternehmen, Camping, Familienferien, Fluggesellschaften, Golf, Hotels, Reiseveranstalter, Schifffahrt, Sport, Sprachschulen und Sprachreisen, Tauchen, Tourismusfachschulen, Veloferien sowie die Themen Wellness und Gesundheit.

Frankreich ist die Nummer 1
Seit Jahren ist das westliche Nachbarland Frankreich das beliebteste Reiseziel der Schweizer. Auf den nächsten beiden Plätzen folgen Deutschland und Italien. Ob Bretagne, Provence oder die Metropole Paris – Leben wie Gott in Frankreich ist bei den Eidgenossen hoch im Kurs. Nicht ganz so beliebt ist das östliche Nachbarland Österreich. In der Rangliste der beliebtesten Reiseziele steht Austria auf Platz 5.

Sport & Spiel

Parallelslalom bei der Snowboard-Weltmeisterschaft 2007 in Arosa

Sport & Spiel

Martina Hingis

Schweizer Tenniskönigin

Fünf Grand-Slam-Titel im Einzel und sogar neun im Doppel sowie insgesamt 209 Wochen auf Position 1 der Weltrangliste – das ist die beeindruckende Bilanz der erfolgreichsten Schweizer Tennisspielerin Martina Hingis (* 1980). Die in der Slowakei zur Welt gekommene Sportlerin kam im Jahr 1988 mit ihrer Mutter in die Schweiz. Dreimal (1997, 1998, 1999) gewann sie im Einzel die Australian Open in Melbourne sowie 1997 die Turniere von Wimbledon (London) und Flushing Meadows (New York). 1998 und 2000 war sie als Siegerin der WTA Tour Championships inoffizielle Weltmeisterin. Insgesamt siegte sie bei 43 WTA-Turnieren im Einzel und 37 im Doppel. 1997 wurde sie sowohl zur Schweizer als auch zur Europäischen Sportlerin des Jahres gewählt.

König des weissen Sports

Der erfolgreichste Schweizer Sportler ist Tennisstar Roger Federer (* 1981). Bislang gewann er 17 Titel bei den vier wichtigsten Turnieren der Welt in Melbourne, Paris, Wimbledon und New York, die zum Grand Slam gehören. Mitte Juli 2012 stand er mit Unterbrechungen 287 Wochen an der Spitze der Weltrangliste und brach damit den Rekord des US-Amerikaners Pete Sampras (286 Wochen). Als einziger Spieler gewann er dreimal drei Grand-Slam-Titel in einer Saison. Neben dem Schweden Björn Borg ist Federer der einzige Profi, der fünfmal hintereinander in Wimbledon siegte (2003–07). 2009 folgte der sechste, im Juli 2012 der siebte Einzeltitel in Wimbledon. Ausserdem gewann er 2004–08 fünfmal in Folge die US Open in New York.

Rekord in der „Nati"

Mit 118 Ländereinsätzen ist Heinz Hermann (* 1958) Schweizer Rekordnationalspieler (Stand: Juli 2012). Der Mittelfeldspieler streifte im September 1978 als 20-Jähriger beim 2:0-Sieg gegen die USA zum ersten Mal das Trikot der „Nati" über und absolvierte sein letztes Länderspiel im November 1991 gegen Rumänien (0:1). Für die Nationalelf schoss er 15 Tore, als Vereinsspieler von Grashoppers Zürich (1977–85) wurde er viermal Schweizer

Heinz Hermann

Meister und 1983 Cupsieger. Der FC Basel war 1997 seine erste Station als Trainer.

Der beste Skiflieger

Simon Ammann (* 1981) ist der erfolgreiche

Roger Federer

Berühmte Sportler

Schweizer Skispringer und Winterolympionike. 2002 in Salt Lake City und 2010 in Vancouver gewann er jeweils die olympischen Goldmedaillen auf der Normal- und der Grossschanze, 2007 wurde er in Sapporo Weltmeister auf der Grossschanze und 2010 in Planica Skiflugweltmeister. In der Saison 2009/10 gewann er den Gesamtweltcup.

Frank und Frei

Mit seinen 42 Treffern in 84 Länderspielen ist Alexander Frei (* 1978) der beste Torschütze der Schweizer Nationalmannschaft, für die er von 2001 bis 2011 auflief. Als Vereinsspieler kam er nach Stationen in Basel, Thun, Luzern, Genf und Rennes (Frankreich) 2006 zum deutschen Klub Borussia Dortmund, für den er in 74 Pflichtspielen 34 Tore schoss. 2009 kehrte er zum FC Basel zurück, am 21. September 2011 gelang ihm im Heimspiel gegen den FC Lausanne-Sport (6:0) sein 100. Tor in der Schweizer Super League und sogar ein Hattrick d. h. drei Tore hintereinander.

Vielseitig und erfolgreich

Vreni Schneider (* 1964) ist die erfolgreichste Schweizer alpine Skirennläuferin. In ihrem Trophäenschrank stehen

Simon Ammann

die olympischen Goldmedaillen im Riesenslalom und Slalom 1988 in Calgary sowie im Slalom 1994 in Lillehammer. Darüber hinaus gewann sie 1994 in Norwegen Silber in der Kombination und Bronze im Riesenslalom. Zweimal (1987 und 1989) war sie Weltmeisterin im Riesenslalom und 1991 im Slalom, dreimal gewann sie den Gesamtweltcup (1989, 1994, 1995). Sie fuhr bei Weltcuprennen 55 Mal als Siegerin durch das Ziel. Trotz aller Erfolge blieb Vreni Schneider stets bescheiden.

Alexander Frei (rotes Trikot) 2006 im Länderspiel Schweiz gegen Brasilien (1:2)

Sport & Spiel

Pirmin Zurbriggen

Schweizer Skistar der 80er-Jahre
Pirmin Zurbriggen (* 1963) gehört zu den erfolgreichsten Skirennfahrern aller Zeiten und war in den 1980er-Jahren der beste Schweizer alpine Rennläufer. Bei den Olympischen Winterspielen 1988 in Calgary gewann er Gold in der Abfahrt und Bronze im Riesenslalom. Viermal war er Weltmeister, 1985 in der Abfahrt und in der Kombination sowie 1987 im Riesenslalom und im Super-G. Ebenfalls viermal gewann er den Gesamtweltcup (1984, 1987, 1988, 1990) und siegte in 40 Weltcuprennen.

Prinzessin auf dem Eis
Die zierliche Denise Biellmann (* 1962) ist die erfolgreichste Schweizer Eiskunstläuferin. 1981 war ihr bestes Jahr, als sie Schweizer Meisterin, Europa- und Weltmeisterin wurde. Als erste Eiskunstläuferin der Welt sprang sie einen dreifachen Lutz, ausserdem ist eine Pirouette auf dem Eis nach ihr benannt.

1979 und 1981 war sie Schweizer Sportlerin des Jahres. 1981 wechselte sie ins Profilager, wo sie elfmal Weltmeisterin wurde.

Erster Schweizer Toursieger
Das eidgenössische Radsportidol schlechthin ist Ferdy Kübler (* 1919), der 1950 als erster Schweizer die Tour de France gewann, das schwerste Radetappenrennen der Welt. Ein Jahr später wurde er Strassenweltmeister, dreimal (1942, 1948, 1951) gewann er die Tour de Suisse und zweimal (1948 und 1951) die Tour de Romandie durch die französischsprachige Westschweiz. „Ferdy National" wurde 1983 zum populärsten Schweizer Sportler der letzten 50 Jahre gewählt.

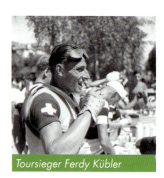
Toursieger Ferdy Kübler

Ferrari Regazzoni
Der aus dem Tessin stammende Automobilrennfahrer Clay Regazzoni (1939–2006) gewann von allen Schweizer Startern die meisten Punkte (212) in der Formel 1, in der er 1970–80 an den Start ging. 1974 wurde er hinter Emerson Fittipaldi (* 1946) aus Brasilien Vizeweltmeister. Von 132 Rennen gewann Reggazoni fünf, 28 Grand Prix beendete er auf den ersten drei Plätzen. Vier von seinen zehn Jahren in der Formel 1 (1970–72 und 1974 bis 76) fuhr er für Ferrari. Hinter Reggazoni ist Joseph „Jo" Siffert (1936–1971) mit 68 Punkten der zweiterfolgreichste Schweizer Formel-1-Fahrer. Der erfolgreichste Schweizer Privatfahrer, der mit eigenen Autos über die Formel-1-Strecken raste, ist Rudolf Fischer (1912 bis 1976), der zwischen 1950 und 1952 in sieben Rennen zehn WM-Punkte sammelte.

Rennstallbesitzer
Peter Sauber (* 1943) ist der erfolgreichste Schweizer Akteur der Formel 1. Mit 23 Jahren fuhr der gelernte Elektromonteur

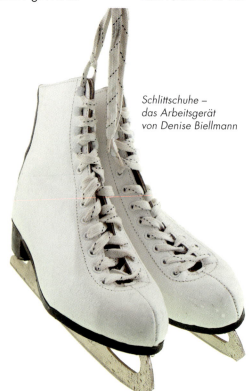
Schlittschuhe – das Arbeitsgerät von Denise Biellmann

Berühmte Sportler

Peter Sauber

Sauber C12, sein erster Formel-1-Rennwagen

sein erstes Autorennen. Drei Jahre später baute er seinen ersten Rennwagen C1. Im Jahr 1993 stieg er in die Formel 1 ein. 2005 verkaufte er seinen Rennstall an BMW und erwarb ihn 2009 nach dem Ausstieg von BMW zurück. 2005 wurde er zum „Schweizer des Jahres" gewählt.

Clay Regazzoni

Sport & Spiel

Olympische Ringe in St. Moritz

Olympische Spiele in der Schweiz

1928 führte St. Moritz die ersten Olympischen Winterspiele in der Schweiz durch, ein zweites Mal 1948. Seither hat sich die Schweiz vergeblich um die Organisation Olympischer Spiele bemüht, zuletzt 1999 für die Winterspiele 2006 in Sion, die schliesslich nach Turin vergeben wurden. Bei seinen Bewerbungen für die Olympischen Sommerspiele scheiterte die Stadt Lausanne viermal (1936, 1944, 1948, 1960) sowie einmal bei der Vergabe der Winterspiele (1952). Viermal bewarb sich Sion (Sitten) vergeblich um die Ausrichtung der Winterspiele: 1976, 2002, 2006 und 2010.

Erfolgreichste Sportart bei Olympia

Kunstturnen ist die erfolgreichste Schweizer Sportart bei Olympischen Sommerspielen. Bis 2011 haben Schweizer Turner 48 Medaillen gewonnen (16 Gold, 19 Silber, 13 Bronze). Dahinter folgen die olympischen Sportarten Schiessen, Rudern, Reiten, Ringen, Rad und Leichtathletik. Bei Olympischen Spielen gewannen eidgenössische Sportler bislang in allen Sportarten zusammen 308 Medaillen.

Bester Olympionike

Der Kunstturner Georges Miez (1904–1999) ist mit insgesamt vier Gold-, drei Silber- und einer Bronzemedaille der erfolgreichste Olympiateilnehmer der Schweiz. 1928 in Amsterdam gewann er die Goldmedaille am Reck sowie im Einzel- und im Mannschaftsmehrkampf, 1936 in Berlin siegte er beim Bodenturnen. Olympische Silbermedaillen gewann er am Seitpferd (1928 in Amsterdam), im Bodenturnen (1932 in Los Angeles) und im Mannschaftsmehrkampf (1936 in Berlin) sowie zusätzlich eine Bronzemedaille im Mannschaftsmehrkampf (1924 in Paris).

Beste Sommerolympionikin

Die erfolgreichste Schweizer Teilnehmerin bei Olympischen Sommerspielen ist die Dressurreiterin Christine Stückelberger (* 1947). Auf ihrem Pferd „Granat" gewann sie 1976 in Montreal die Goldmedaille und 1988 in Seoul

Ringe, Kunstturndisziplin der Männer

Olympische Spiele

Georges Miez

die Bronzemedaille im Einzel sowie dreimal (1976, 1984, 1988) die olympische Silbermedaille mit der Mannschaft. 1978 wurde sie Weltmeisterin, 1975 und 1977 Europameisterin. 1987 und 1988 gewann sie den Weltcup der Dressurreiter. Im Jahr 1976 wurde sie in der Schweiz zur Sportlerin des Jahres gewählt.

Der erste Schweizer Olympiasieger

Louis Zutter (1856 bis 1946) aus Neuchâtel (Neuenburg) war der erste Schweizer Olympiasieger der Neuzeit. Der Kunstturner reiste als Privatmann 1896 nach Athen, da in der griechischen Hauptstadt keine Schweizer Delegation vertreten war. Mit 30 Jahren gewann er Gold am Seitpferd sowie Silber im Pferdsprung und am Barren. Am erfolgreichsten waren Schweizer Olympioniken 1924 in Paris mit 25 Medaillen: siebenmal Gold, achtmal Silber und zehnmal Bronze. Ein Desaster erlebten sie 1964 bei den Winterspielen in Innsbruck, als die insgesamt 72 Schweizer Sportler keine einzige Medaille gewannen.

Die erste Olympiasiegerin

Die erste Frau, die Olympiasiegerin der Neuzeit wurde, kam aus der Schweiz. Die gebürtige US-Amerikanerin Hélène de Pourtalès (1868–1945) war 1900 auf der Seine in Paris mit ihrem Ehemann und ihrem Neffen Mitglied der Siegercrew beim Segeln der Zweitonner.

IOC in der Schweiz

Die bedeutendste olympische Organisation hat ihren Sitz in der Schweiz: Das Internationale Olympische Komitee ist in Lausanne zu Hause. Dem 1894 gegründeten Gremium, das die Olympischen Spiele organisiert und betreut, gehören 205 nationale Verbände an. Von 1916 bis 1919 führte ein Schweizer das IOC kommissarisch, Baron Godefroy de Blonay (1869–1937). Er war 1912 Mitbegründer des Schweizerischen Olympischen Comités und bis 1915 dessen erster Präsident.

IOC-Mitglied mit Ausdauer

Marc Hodler (1918 bis 2006) vertrat im IOC die Schweiz von 1963 an insgesamt 43 Jahre lang bis zu seinem Tod, länger als jeder andere Funktionär bislang. Er organisierte die olympischen Skiwettkämpfe 1948 in St. Moritz und führte den Weltverband FIS von 1951 bis 1998. Internationalen Respekt erwarb er sich 1998, als er den Bestechungsskandal des IOC für die Vergabe der Spiele nach Salt Lake City (USA) im Jahr 2002 aufdeckte.

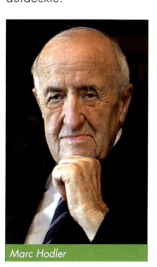
Marc Hodler

Restauriertes Olympiastadion von Athen 1896

Sport & Spiel

Volkslauf
Rund 30 000 Teilnehmer gehen jährlich beim Grand Prix von Bern, dem grössten nationalen Volkslauf, an den Start. Regelmässiger Höhepunkt der Veranstaltung ist der GP Bern, für den 10 Meilen (16,093 km) absolviert werden müssen. Die Strecke führt entlang wichtiger Sehenswürdigkeiten wie dem Berner Rathaus und dem Bundeshaus. Der Altstadt GP misst eine Strecke von 4,7 km, der Bären GP für Kinder und Jugendliche ist 1,6 km lang. Der erste GB Bern wurde im Jahr 1982 ausgetragen.

Volkslauf in Bern

Klettern im Wallis
Im Kanton Wallis in der Gemeinde Leukerbad können sich Alpinisten an dem längsten Klettersteig der Schweiz, der sich an einem Felsen des Daubenhorns befindet, austoben. Der gesicherte Felssteig weist 2000 m Drahtseile und in verschiedenen Abständen Hilfsleitern mit einer Gesamtlänge von 216 m auf. Auf dem rund acht-

Im Rausch der Geschwindigkeit
Komplett aus Chromstahl ist die längste Sommerrodelbahn der Schweiz. In direkter Nachbarschaft zur Bergstation Fräkmüntegg am Bergmassiv Pilatus Luzern startet der 1350 m lange Kanal. Mit einem Lift geht es zum Start. Die rasante Abfahrt wartet mit mehreren Steilkurven und Tunneln auf, den Drachenlöchern. Die Sommerrodelbahn ist von Mai bis Oktober geöffnet.

Spiel & Spass

Kletterparadies Leukerbad im Wallis

stündigen Weg entlang des Klettersteigs müssen die Bergwanderer eine etwa 100 m lange natürliche Höhle überwinden.

Seiltanz in luftiger Höhe

Der Schweizer Hochseilartist Freddy Nock (* 1964), Spross einer Schweizer Zirkusfamilie, machte im Januar 2011 einen todesmutigen Spaziergang in luftiger Höhe. Er legte über dem Skiort Silvaplana im Kanton Graubünden in rund 3300 m Höhe insgesamt 572 m auf dem Hochseil zurück – ohne Gurt und Netz und bei eisigen Temperaturen von –15 °C. Der Lauf gilt als höchster Hochseillauf – den Versuch, auch den längsten zu absolvieren, scheiterte wegen Nebels. Am 30. April überquerte er über eine Distanz von 900 m auf einem Hochseil den Zürichsee.

Schlittlfahrt mit hohem Spassfaktor

Schlittl – nicht nur für Kinder

Grindelwald im Kanton Bern hat mit dem „Big Pintenfritz" die längste Schlittlbahn Europas zu bieten. Vom Berg Faulhorn (2681 m), der am besten zu Fuss zu erreichen ist, geht es vorbei am Restaurant Bussalp 15 km hinab nach Grindelwald. Vom Startpunkt hat man einen hervorragenden Blick auf die umliegende Landschaft.

Spielbank mit längster Tradition

Das Casino Barrière de Montreux ist die älteste Spielbank der Schweiz. Es wurde 1881 im Stil des Fin de Siècle erbaut und war in den folgenden Jahrzehnten ein beliebter Ort für Auftritte international bekannter Musiker wie den Bands Pink Floyd und Led Zeppelin. Als das Gebäude 1971 einem Brand zum Opfer fiel, widmete die englische

Sport & Spiel

Rockband Deep Purple diesem Ereignis ihren grössten Hit „Smoke on the water". Seit 1975 hat das Casino Barrière de Montreux wieder seine Pforten geöffnet und bietet Glücksjägern neben zahlreichen Automaten und Spieltischen Live-Konzerte, einen Swimmingpool sowie einen herrlichen Blick auf den Genfer See und die Alpen.

Klösterliches Kartenspiel

Die älteste in Europa bekannte Beschreibung von Spielkarten verfasste 1377 der Dominikanermönch Johannes von Rheinfelden aus dem Basler Konvent. Sein Traktat „Ludus cartularum moralisatus" nimmt Bezug zu den damals häufigen Spielkartenverboten und wurde durch die „Schachallegorie" seines Ordensbruders Jakob von Cessoles angeregt. Johannes nahm die Kartenfiguren als Ausgangspunkt für seine Interpretation der entsprechenden Funktionen bei Hofe.

Altstadt von Rheinfelden

Jassen ohne Ende

Das Kartenspiel Jassen oder Jass gilt als das beliebteste der Schweiz bzw. der deutschsprachigen Kantone. Es gibt sehr viele Variationen, die bekannteste ist die für drei Mitspieler. Gespielt wird mit einem 36 Karten umfassenden Französischen Blatt oder mit einem Original Jassen Blatt. Anders als bei vielen Kartenspielen wird Jass rechtsherum gespielt, gegen den Uhrzeigersinn. Wer als Erster eine festgelegte Punktzahl erreicht, hat gewonnen.

Illusionen schaffen

Nachwuchskünstler und Profis decken sich bereits seit dem Jahr 1984 im

Alte Spielkarten

Vorhang auf – Artikel aus dem Zauber- & Theaterparadies Zürich

Spiel & Spass

Jungen- und Männertraum Modelleisenbahn

Zauber- & Theaterparadies Zürich, dem ältesten und grössten Fachgeschäft für Magier in der Schweiz, mit neuen Ideen für ihre Shows ein. Das früher unter den Namen Pedro Magie und Zauberladen Zürich bekannte Unternehmen führt u. a. auch Schmink-, Jonglier- und Scherzartikel im Sortiment – damit auch der nächste Zauberabend gesichert ist.

Züge im Kleinformat

Der Kindheitstraum vieler Männer hat im Museum Chemins de fer du Kaeserberg in Granges-Paccot im Kanton Freiburg ein Zuhause gefunden: Dort steht die grösste Schweizer Modelleisenbahnanlage. Die Miniaturwelt, gebaut im Massstab 1:87, erstreckt sich über 610 m und überwindet drei Stockwerke. 2045 m Schienen legen die 120 Modelleisenbahnen mit den Spuren H0 und H0m auf ihrem Weg durch die Landschaften zurück.

Schattenspiel der besonderen Art

Die Sammlung des Schweizer Zoologen Dr. Walter Angst ist einmalig: Er besitzt den weltgrössten Satz an Golek-Holzpuppen aus dem indonesischen Figurentheater Wayang (Schattentheater). Rund 17 000 Exemplare, die er in 140 Holzkisten auf seinem Dachboden lagert, hat er bislang gesammelt. Das traditionelle, jahrhundertealte Wayang-Puppentheater wurde unter die Meisterwerke des mündlichen und immateriellen Erbes der Menschheit in die Kulturliste der UNESCO aufgenommen.

Requisiten von Magiern und Zauberern

Indonesische Holzpuppen

Sport & Spiel

AFG-Arena – das Stadion des FC St. Gallen

Fussball ist unser Leben

Seinen Ursprung hat das Fussballspiel in Grossbritannien. Die Schweiz hingegen war die erste Nation auf dem europäischen Festland, in der die populäre Sportart ausgeübt wurde. Fussball ist mit 280 000 Aktiven auch heute die beliebteste Mannschaftssportart der Schweiz. Die seit 1895 bestehende Schweizerische Football-Association, heute besser bekannt unter dem Namen Schweizerischer Fussballverband (SFV), beteiligte sich am 21. Mai 1904 an der Gründung des Weltfussballverbandes FIFA, der seinen Sitz in Zürich hat. Präsident ist seit 1998 Joseph „Sepp" Blatter (* 1936).

Anstoss in Lausanne

Der wohl erste Fussballverein Kontinentaleuropas war der Lausanne Football and Cricket Club. Britische Studenten hatten ihn 1860 auf die Beine gestellt – drei Jahre, nachdem in Sheffield (England) der erste Fussballklub der Welt gegründet worden war. Der inzwischen aufgelöste Lausanner Verein war einer der elf Gründungsmitglieder, die 1895 den Schweizerischen Fussballverband ins Leben riefen. Bei der ersten nationalen Meisterschaft (1897/98) war die Mannschaft ebenso vertreten wie bei der zweiten in der Saison 1898/99. Meister wurden allerdings in beiden Jahren Klubs aus Zürich: die Grashoppers (1898) und der Anglo-American Club (1899). Welche Art Fussball gespielt wurde, ist unbekannt, denn damals gab es noch keine verbindlichen Regeln.

Immer noch am Ball

FC St. Gallen heisst der älteste noch heute bestehende Schweizer Fussballverein. Der Schweizer Cupsieger (1969) und Ligacup-Gewinner (1978) besteht seit dem 19. April 1879 und spielt in der AFG Arena. Traditionell laufen die Spieler in grün-weissen Trikots auf. In den Jahren 1904 und 2000 gewann der Verein die Schweizer Meisterschaft. 1998 waren die Spieler in der Halle die Besten.

Spitzenklub aus Zürich

Die erfolgreichste Vereinsmannschaft der Schweiz im Fussball sind die Grashoppers aus Zürich. Der 1886 von einem englischen Studenten gegründete Klub gewann bis 2012 insgesamt 27 nationale Meisterschaften und 18 Mal den Schweizer Cup. Auf der internationalen Bühne gewannen die

Ball und Schuhe aus der Pionierzeit des Fussballs

Sportarten

Schweizer Fussballnationalmannschaft

gelb und blauweiss (auswärts blaugelb) gekleideten Grasshoppers fünfmal den Intertoto-Cup. Zweimal (1957 und 1979) standen sie im Viertelfinale des Europapokals der Landesmeister und einmal (1978) im Halbfinale des UEFA-Pokals.

„Nati" unter den besten Acht

Die Schweizer Fussballnationalmannschaft, von ihren Fans liebevoll „Nati" genannt, verlor am 12. Februar 1905 ihr erstes Länderspiel gegen Frankreich mit 0:1. Bei Welt- oder Europameisterschaften blieb ihr bislang ein Finalerfolg vorenthalten. Die Teilnahme am Viertelfinale der Weltmeisterschaften von 1934, 1938 sowie 1954 bedeuteten die besten Ergebnisse, allerdings verloren sie jeweils gegen die Tschechoslowakei (1934, 2:3), Ungarn (1938, 0:2) und Österreich (1954, 5:7). Die Länderspielbilanz der „Nati" in ihrer mehr als 117-jährigen Geschichte ist negativ – bei 723 Spielen gab es 330 Niederlagen, 234 Siege und 159 Unentschieden (Stand: Juli 2012). Der höchste Länderspielsieg war 1924 gegen Litauen ein 9:0, die deftigste Niederlage setzte es 1911 mit 0:9 gegen Ungarn. Am häufigsten verlor die Schweiz gegen Deutschland, 36 Mal in 51 Spielen.

Die Teenies sind top

Die Schweizer U-17-Nationalmannschaft war

Schweizer U17-Fussballer (rote Trikots)

2009 die weltweit erfolgreichste Fussballnationelf: Sie holte sich mit einem 1:0-Sieg gegen das nigerianische Team, das als Titelverteidiger angetreten war, den Weltmeistertitel. Schon bei der Europameisterschaft 2002 in Dänemark war die damalige U17-Auswahl nicht zu schlagen gewesen.

Sport & Spiel

Schweizer lieben den Wintersport

Die beliebteste Einzelsportart bei den Schweizer Fernsehzuschauern ist Ski Alpin, gefolgt von Formel 1, Radsport und Tennis. Einer der Gründe ist sicher die überaus erfolgreiche Bilanz der Schweizer Skirennläufer bei internationalen Wettkämpfen. Die meisten Schweizer treiben selbst Wintersportarten wie Ski Alpin, Snowboard oder Schlitteln. Einer der bekanntesten Langlauf-Wettkämpfe ist der Engadin Skimarathon. Roger Federer hat Tennis in der Schweiz populär gemacht.

Schweizer Boot „Alinghi" beim America's Cup

Tennis mit Roger Federer

Radsport

Formel-1-Rennen

Rasant auf der Piste – Ski Alpin

Sportarten

Segelboom durch America's Cup

Die Schweizer Yacht „Alinghi" gewann 2003 als erstes europäisches Team den America's Cup, den seit 1851 ausgetragenen ältesten

America's Cup

Katamaran mit Sonnenenergie – PlanetSolar

Segelwettbewerb der Welt. 2007 wiederholte die Crew den Triumph. Besitzer der Yacht ist der Unternehmer Ernesto Bertarelli (* 1965). Die Siege der „Alinghi" lösten in der Schweiz ein grosses Publikumsinteresse für den Segelsport aus. 2003 wurde es zum Schweizer Team des Jahres gewählt.

Schubkraft durch die Sonne

Der unter Schweizer Flagge fahrende Katamaran MS Tûranor PlanetSolar hat bereits mehrere Rekorde aufgestellt. Als erstes von Solarenergie angetriebenes Boot schaffte es 2010 während der Fahrt um die Welt mit 26 Tagen und 34 Minuten die schnellste Atlantiküberquerung. Im Jahr 2012 beendete es als erstes Wasserfahrzeug mit Solarenergie nach insgesamt 584 Tagen, 23 Stunden und 31 Minuten eine Weltumrundung.

Traditionssportart Schwingen

Ringen auf Sägemehl

Eine der populärsten Volkssportarten in der Deutschschweiz ist das Schwingen, eine Variante des Ringens auf Sägemehluntergrund. Die kreisförmige Kampffläche hat einen Durchmesser von 7 bis 14 m. Die Schwinger tragen über ihren Kleidern eine kurze Jutehose und versuchen den Gegner mit „Schwüngen" auf den Rücken zu zwingen. Jahrhundertelang war Schwingen ein reiner Männersport, seit 1992 gibt es in der Schweiz auch einen Frauenschwingerverband.

Sport & Spiel

Dach des Stade de Suisse

Wunder von Bern

Im Jahr 1954 wurde in der Schweiz zum ersten Mal die Fussballweltmeisterschaft ausgetragen. Zu den Höhepunkten der Sportgeschichte zählt das Finale im Berner Wankdorfstadion zwischen Deutschland und Ungarn, dass der Aussenseiter Deutschland sensationell gegen die hochfavorisierten Ballkünstler aus Ungarn mit 3:2 gewann. 1961 fand dort das

Uhr des Wankdorfstadions

Finale im Europapokal der Landesmeister zwischen dem FC Barcelona und Benfica Lissabon (2:3) und 1989 das Endspiel im Europacup der Pokalsieger zwischen dem FC Barcelona und Sampdoria Genua (2:0) statt. Mehr als 70 Jahre war das Wankdorfstadion Spielstätte des Klubs Young Boys Bern, bevor es im Jahr 2001 abgerissen wurde.

Sonnigstes Stadion

Auf dem Gelände des abgerissenen Wankdorfstadions in Bern entstand bis 2005 das Stade de Suisse mit gut 31 000 Plätzen. Zu dieser Sportstätte gehören auch ein Einkaufszentrum, eine Schule, einige Wohnungen und ein in das Stadiondach integriertes Solarkraftwerk, das weltgrösste seiner Art. Das Open-Air-Festival auf dem Berner Hausberg Gurten erhält seit dem Jahr 2005 seinen gesamten Strom von diesem Kraftwerk. Auf dem Platz vor dem Stadion steht die alte Longines-Uhr des ehemaligen Wankdorfstadions.

Skivergnügen der Extraklasse

Samnaun im Kanton Graubünden ist ein Paradies für Wintersportler. Es weist in Gemeinschaft mit der Gemeinde Ischl (Bundesland Tirol) das grösste zusammenhängende Skigebiet der Ostalpen mit der ersten doppelstöckigen Seilbahn auf. In Samnaun-Dorf befindet sich die höchstgelegene Shoppingmeile Europas – auf einer Höhe von 1840 m lädt sie zum entspannten Einkaufen ein.

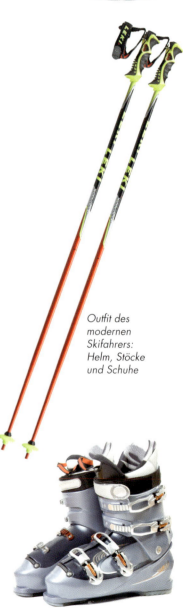
Outfit des modernen Skifahrers: Helm, Stöcke und Schuhe

Skurril – Eishockey in der Fussballarena Stade de Suisse

Sportstätten

Die Piste hinab

2012 feierte das Allalin-Rennen, das in den Walliser Alpen am Fuss des Allalinhorns auf 3550 m Höhe startet und in Saas-Fee (1800 m) endet, sein 30-jähriges Bestehen. Die weltweit längste Gletscherabfahrt ist neben dem Rennen Belalp Hexe (Kanton Wallis) sowie dem Inferno in Mürren (Kanton Bern) und dem Persenn Derby in Davos (Kanton Graubünden) Teil der Schweizer Super-Vier-Volksabfahrten. Jährlich gehen bis zu 1000 Teilnehmer an den Start.

Freie Fahrt

Ganze 22 km hinab geht es auf der längsten Schweizer Skipiste in Zermatt im Kanton Wallis. Die Strecke führt vom Kleinen Matterhorn nach Zermatt. Der beliebte Ferien- und Kurort liegt ungefähr auf einer Höhe von 1610 m. Durch die Bahn Ruri-Riffelberg verbunden, können sich die Fahrer seit 2006 auf den drei Skigebieten rund um Zermatt frei bewegen.

Sport & Spiel

Natureisbahn in St. Moritz

Wasser und Schnee
Die Bobbahn in St. Moritz (Kanton Graubünden) ist weltweit einmalig. Sie ist die einzige und älteste Naturbobbahn. Der Kanal, der ausschliesslich aus Wasser und Schnee angelegt wird, besteht bereits seit 108 Jahren. Dafür wird im Gegensatz zu anderen Anlagen kein Beton verbaut. Über 1612 m hinab führt jährlich der Olympia Bob Run von St. Moritz nach Celerina.

Leichtathletik im Letzigrund
Hier spielen normalerweise die Profikicker der Fussballklubs FC und Grasshoppers Zürich, aber noch berühmter ist das Letzigrund-Stadion für seine Leichtathletik-Veranstaltungen. 1925 wurde die erste Anlage gebaut und 2006 abgerissen. Im folgenden Jahr wurde der Neubau mit 31 500 Plätzen eingeweiht. Jedes Jahr im August treffen sich Spitzensportler im Letzigrund zum Meeting „Weltklasse Zürich", dem grössten und bestbesetzten Meeting der Leichtathletik in der Schweiz. Bis heute erlebten die Zuschauer fast 30 Weltrekorde. 2014 finden hier die Leichtathletik-Europameisterschaften statt.

Unendliche Weite
Eine Strecke von 666 m müssen Golfer auf der längsten Golfbahn in Europa überwinden, um den weissen Ball erfolg-

Letzigrund-Stadion in Zürich

Sportstätten

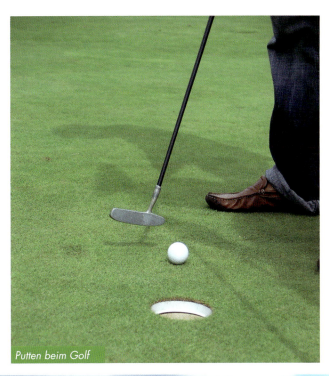

Putten beim Golf

reich einzulochen. Die Bahn 11 des Clubs Golf Limpachtal in der Nähe von Bern ist zugleich die einzige Par-6-Bahn des Landes, d. h. ein guter Spieler benötigt im Schnitt sechs Schläge bis zum Einlochen. Auf der 6,2 km langen modernen Golfanlage begegnen den Sportlern insgesamt 14 Wasserhindernisse.

Golfen über den Rhein hinaus

Der Schweizer Architekt Peter Harradine hat sich für den Platz des Golfclubs Sedrun unterhalb des Weilers Tschamutt im Kanton Graubünden etwas ganz Besonderes einfallen lassen. Auf der kuriosesten Golfanlage der Eidgenossenschaft in 1500 m Höhe muss ein Teil des Rheins überspielt werden. Am letzten Loch der Bahn 9 gilt es beim Abschlag den Fluss zu überwinden. Könner befördern den Ball mit einem langen Schlag über den Rhein auf das Fairway nahe am Green. Gespielt wird auf der spektakulären Anlage mit einer durchschnittlichen Schlagzahl (Par) von 72.

Städte & Regionen

Blick auf die Altstadt von Zürich mit dem Münster

Städte & Regionen

Blick vom Münster über den Rhein auf Basel

Kanton Basel-Stadt

Der mit 37 km² flächenmässig kleinste und zugleich am dichtesten besiedelte Schweizer Kanton ist Basel-Stadt. Gut 190 000 Einwohner leben in der dortigen Metropole sowie den zugehörigen Gemeinden Riehen und Bettingen. Der Halbkanton spaltete sich 1833 vom Kanton Basel (heute Basel-Land) ab. Der Wiedervereinigungsartikel in der Basler Verfassung wurde erst im Jahr 2006 gestrichen. Wirtschaftlich dominieren im Stadtkanton chemische und pharmazeutische Industrie, Handel und Finanzen, Letzteres allerdings deutlich schwächer als in Zürich.

Graubünden

Der grösste Schweizer Kanton ist Graubünden mit einer Fläche von 7105 km². Seine rund 192 000 Einwohner leben in elf Bezirken: Albula, Bernina, Hinterrhein, Imboden, Inn, Landquart, Maloja, Moësa, Plessur, Prättigau und Surselva. Letzterer ist mit etwa 1373 m² der grösste der Teilstaaten. Der Kanton mit drei Amtssprachen (Deutsch, Rätoromanisch, Italienisch) beschäftigt rund ein Viertel seiner Einwohner in Industrie und Handel. Der Tourismus trägt zu mehr als einem Zehntel zum kantonalen Bruttoinlandsprodukt bei.

Orte & Kantone

Die fantastische Bergwelt rund um den Palpuognasee in Graubünden

Langer Name

Niederhelfenschwil, so heisst die Gemeinde mit dem längsten Schweizer Namen aus einem Wort; noch länger, aber aus drei Wörtern bestehend, ist der Ortsname Röthenbach bei Herzogenbuchsee. Niederhelfenschwil liegt im Kanton St. Gallen und umfasst die Ortschaften Niederhelfenschwil, Lenggenwil und Zuckenriet. Alle drei Ortschaften zusammen haben rund 2900 Einwohner.

Klein aber oho

Die kleinste Gemeinde der Schweiz ist Werdenberg mit nur 60 Einwohnern. Trotz der Überschaubarkeit ist die Ortschaft im Kanton St. Gallen kein Mauerblümchen, denn sie ist wegen ihrer sehr gut erhaltenen mittelalterlichen Häuser und dem Schloss Werdenberg ein beliebtes Ausflugsziel. Einige der 40 Häuser dienen in- und ausländischen Gästen als Feriendomizile. In dem Schloss finden seit 1985 jährlich Festspiele statt. Damit ist Werdenberg zugleich die kleinste Festspielstadt Europas.

Juf in Graubünden

Wohnen über der Baumgrenze

Juf in Graubünden ist die höchste das ganze Jahr über bewohnte Siedlung in Europa. Das kleine Dorf liegt oberhalb der Baumgrenze auf mehr als 2100 m ü. M. und ist die Heimat von etwa 30 Einwohnern aus sechs Walserfamilien. Dank seiner prominenten Lage ist Juf für viele der Ausgangspunkt für Bike-, Ski- oder Wandertouren zu den nahen Pässen Julier, Septimer, Splügen und San Bernardino, nach Bivio, Maloja oder ins Bergell.

Städte & Regionen

Magnet Zürich
Die meisten Schweizer leben in Zürich. Mitte 2012 hatte die grösste Stadt der Alpenrepublik und der Hauptort des gleichnamigen Kantons rund 391 000 Einwohner. In der Metropolitanregion Zürich, die weite Teile des östlichen und zentralen Schweizer Mittellandes umfasst, haben sich etwa 1,66 Mio. Menschen angesiedelt. Zürich ist das wichtigste wirtschaftliche, wissenschaftliche und gesellschaftliche Zentrum der Schweiz. Mit seinem Hauptbahnhof, dem grössten der Schweiz, und dem Flughafen ist die Stadt ein Verkehrsknotenpunkt in Mitteleuropa sowie mit ihren Grossbanken und Versicherungen der grösste Finanzplatz der Schweiz.

Bürgerhäuser in St. Gallen

Hochgelegene Stadt
St. Gallen ist mit rund 73 000 Einwohnern die höchstgelegene grössere Stadt Europas. Das kulturelle und wirtschaftliche Zentrum der Ostschweiz liegt in 675 m Höhe. Gegründet im 7. Jahrhundert, ist St. Gallen seit 1803 Hauptstadt des gleichnamigen Kantons. Als Textilstadt ist sie seit dem Mittelalter für ihre Stickereien bekannt. Die Stadt liegt an wichtigen Verkehrsknotenpunkten Richtung Deutschland sowie nach Zürich und hat mit der Stiftskirche und der einzigartigen Klosterbibliothek Kulturschätze von Weltrang.

Lange Geschichte
Älteste Stadt der Schweiz ist Chur, der Hauptort Graubündens. Ausgrabungsfunde belegen, dass die Stadt am

Altstadt von Zürich mit dem Münster

Das nächtliche Chur

Städte

rechten Ufer des Rheins bereits in der Jungsteinzeit um 3000 v. Chr. besiedelt war. So wurden im heutigen Welschdörfli Reste einer Siedlung und Gegenstände aus der Bronze- und Eisenzeit entdeckt. Der Name Chur leitet sich vom keltischen Wort für Stamm oder Sippe (kora, koria) ab. Heute hat die Stadt rund 34 000 Einwohner, in der Wirtschaft dominiert der Dienstleistungssektor.

Stadt am Bodensee

Die grösste Schweizer Stadt am Bodensee ist Kreuzlingen in Nachbarschaft von Konstanz in Deutschland. Mit mehr als 19 000 Einwohnern ist sie der zweitgrösste Ort des Kantons Thurgau. Kreuzlingen entstand aus dem Zusammenschluss der Dörfer Egelshofen, Emmishofen und Kurzrickenbach in den späten 1920er-Jahren. Der Stadtname geht auf das 1125 vom Bischof von Konstanz gegründete Stift Cruzelin zurück.

Biel/Bienne

Biel bzw. Bienne ist die grösste zweisprachige Stadt der Schweiz. Nirgendwo sonst in der Alpenrepublik sind die Bewohner verpflichtet, alle amtlichen Dokumente und dergleichen auf Deutsch und auf Französisch zu verfassen. Biel/Bienne (51 000 Einwohner) ist ein regionales Wirtschafts- und Bildungszentrum mit mehreren Fachhochschulen. In dem Zentrum der Schweizer Uhrenindustrie sind die Swatch Group und ein Produktionsbetrieb von Rolex zu Hause.

Lugano Italiano

Die grösste italienischsprachige Stadt der Schweiz ist Lugano im Tessin mit rund 55 000 Einwohnern. Die Stadt am gleichnamigen See ist nach Zürich und Genf der drittgrösste Finanzplatz der Schweiz und zieht mit ihren Kongressen, universitären und kulturellen Veranstaltungen viele Besucher aus Italien und von jenseits der Alpen an. Der deutsche Literaturnobelpreisträger Hermann Hesse (1877–1962) verbrachte im milden Klima von Montagnola oberhalb Luganos einen Grossteil seines Lebens.

Altstadt von Biel/Bienne

Lugano im Tessin

Verkehr

Zug der Schweizerischen Bundesbahnen bei Zermatt

Verkehr

Vitznau-Rigi-Zahnradbahn

Zahnradbahn zum Jungfraujoch

Etwas Neues

Niklaus Riggenbach (1817–1899) regte den Bau der ersten Bergbahn Europas an. Am 9. Juni 1869 erhielt er gemeinsam mit den Ingenieuren Olivier Zschokke (1826 bis 1898) und Ferdinand Adolf Naeff (1809 bis 1899) vom Grossen Rat des Kantons Luzern die Erlaubnis für den Bau der Vitznau-Rigi-Zahnradbahn. Die 1869 begonnenen Bauarbeiten wurden 1871 abgeschlossen. In den ersten Jahren war die Bahn nur im Sommer in Betrieb. Als sich der Wintersport langsam entwickelte, wurde auch der Winterbetrieb aufgenommen.

Dauerhaft im Einsatz

Zwischen den Ortschaften Lauterbrunnen und Grindelwald im Kanton Bern sowie der Passhöhe Kleine Scheidegg pendelt die im Jahr 1893 eröffnete schmalspurige Wengernalpbahn (WAB). Die weltweit längste durchgehende Zahnradbahn legt rund 19 km zurück. Auf dem Streckenabschnitt Lauterbrunnen–Wengen wird gleichzeitig die Versorgung von Wengen mit Waren vorgenommen. In dem Kurort sind keine Autos erlaubt.

Ganz ohne Dampf

3454 m über dem Meer liegt der höchste Bahnhof Europas. Der Jungfraujoch – Top of Europe wird täglich von der im Jahr 1912 gegründeten Jungfraubahn, der höchstgelegenen Zahnradbahn des Kontinents, angefahren. Der Haltepunkt besteht hauptsächlich aus Eis, Schnee und Fels. Die Endstation der Jungfraubahn ist nach 9 km – davon sieben im Tunnel – mit der Kleinen Scheidegg erreicht.

Wengernalpbahn

Mit Pilatus hinauf

Die 4,6 km lange Pilatusbahn ist die steilste Zahnradbahn der Welt. Eine beliebte Sommerexkursion in der Schweiz ist die Fahrt von den Ufern des Vierwaldstättersees auf den Gipfel des 2106 m hohen Pilatus. Die Reise ist spektakulär, denn die Zahnradbahn meistert Steigungen bis zu 48%. Die Strecke wurde 1889 eröffnet und wird seit 1937 elektrisch betrieben. Zwei Dampftriebwagen aus der Anfangszeit der Bahn sind bis heute erhalten.

Immer aufrecht

Senkrechter geht es nicht! Der Schrägaufzug der Gelmerbahn, die im Haslital startet, ist mit einer maximalen Steigung von 106% in Europa die steilste Standseilbahn. In nur wenigen Minuten gelangen die Fahrgäste auf eine Höhe von 1860 m. An der Endhaltestelle wartet auf sie der Gelmersee. Die Werk-

Bahnen

bahn wurde für den Bau der Gelmerstaumauer und der Wasserzuleitung zum Kraftwerk Handeck gebaut und wurde 1926 in Betrieb genommen. 2001 wurde sie umfassend modernisiert.

Auf Umweltkurs
Gänzlich auf Strom verzichtet die ökologischste Seilbahn der Bundesgenossenschaft. Die Standseilbahn Neuveville St. Pierre im Kanton Freiburg – die letzte ihrer Art – nutzt die Schwerkraft von Wasser, das in den Gondeln mitgeführt wird. In der Bergstation werden die Tanks aufgefüllt, im Tal wieder entleert. Die Bahn gehört zum nationalen Kulturgut der Schweiz. Die früher roten Wagen, bei denen 1996 eine Achse brach, wurden nach Protesten gegen Pläne zur Stilllegung bis 1998 renoviert und sind heute grün angestrichen.

Oben auf dem Berg
Die höchstgelegene Seilbahnstation der Schweiz (3820 m), die angefahren werden kann, befindet sich auf der Erhebung Klein Matterhorn (3883 m) in den Walliser Alpen. Die Luftseilbahn, die zugleich auch die höchstgelegene in der Alpenrepublik ist, wurde am 23. Dezember 1979 eröffnet. Startpunkt ist Zermatt. Die Kabinen der Pendelbahn haben eine Kapazität von rund 100 Personen.

Pilatusbahn

Gelmerbahn

Seilbahn zum Klein Matterhorn

Verkehr

Schwere Last
Nicht nur Touristen werden mit der Luftseilbahn Betten Talstation – Bettmeralp im Kanton Wallis befördert. Als einzige Schweizer Bahn transportiert sie auch seit ihrer Errichtung im Jahr 1974 Kehrichtwagen, die an die Seilkabine angedockt werden. Die Wagen wiegen im Durchschnitt 7200 kg. Die Seilbahn überwindet in 7 min eine Höhendifferenz von mehr als 1000 m. 2006 wurde die Direktbahn mit neuen Kabinen ausgestattet.

Stark frequentiert
Die Funitel von Verbier (Kanton Wallis) hat viel zu tun. Rund 3000 Fahrgäste pro Stunde

Gondelbahn Funitel von Verbier

befördert sie zum Skigebiet und wieder zurück. Die Gondelbahn, die windstabil gebaut wurde, ist die leistungsstärkste Bahn der Schweiz. Sie läuft entlang zweier parallel und in weitem Abstand gespannter Förderseile. Die Streckenlänge beträgt 1561 m.

Steil und schnell
Die Berninabahn (auch Berninalinie) ist eine eingleisige meterspurige Eisenbahnstrecke der Rhätischen Bahn (RhB). Die Gebirgsbahn verbindet über rund 60 km die Stadt St. Moritz im Kanton Graubünden über den gut 2300 m hohen Berninapass mit der italienischen Stadt Tirano. Sie gilt als höchste Adhäsionsbahn der Alpen und mit bis zu 7% Neigung als eine der steilsten Adhäsionsbahnen, bei denen der Antrieb allein über die Haftung der Räder erfolgt. Seit 2008 gehört sie zum Weltkulturerbe der UNESCO.

Spanisch-Brötli-Bahn
Die Schweizerische Nordbahn (SNB) eröffnete 1847 die erste ganz auf Schweizer Boden befindliche Bahnstrecke zwischen Zürich und Baden. 1853 ging sie in der Schweizerischen Nordostbahn auf. Die sonderbare Bezeichnung entstand bald nach der Eröffnung und nimmt

Berninabahn am Lago Bianco

Bahnen

Plakat mit Fahrplan von 1847

Bezug auf die Badener Spezialität Spanisch Brötli. Nach einer weitverbreiteten Legende liessen sich die Zürcher Herrschaften die kulinarische Spezialität jeden Morgen durch ihre Bediensteten per Bahn ofenfrisch aus Baden bringen.

Schweizer Tradition auf Schienen

Die 1902 gegründeten Schweizerischen Bundesbahnen (SBB) sind die älteste eidgenössische Bahngesellschaft. Im 19. Jahrhundert waren alle eidgenössischen Bahnen noch in privatem Besitz. Wegen der starken Konkurrenz untereinander wurden teilweise Parallelstrecken gebaut, welche die Nationalbahn in den Ruin trieb. 1898 stimmte das Volk für die Verstaatlichung der fünf grossen privaten Gesellschaften, die bis 1909 in die SBB eingegliedert wurden. Seit 1999 ist die SBB eine Aktiengesellschaft mit 28 000 Mitarbeitern.

Zentraler Bahnhof in der grössten Stadt

Zürich ist der Schweizer Bahnhof mit dem höchsten Passagieraufkommen aus dem Inland sowie vor allem aus Deutschland, Österreich, Frankreich und Italien. Hier steigen täglich etwa 350 000 Menschen um. Mit seinen mehr als 2900 Zugfahrten pro Tag gilt er als einer der meistfrequentierten Bahnhöfe der Welt. Als Endpunkt der ersten Schweizer Bahnlinie, der Spanisch-Brötli-Bahn, gehört der 1847 eröffnete Zürcher Hauptbahnhof zu den ältesten Schweizer Stationen. Bis zum Jahr 2014 wird der Kopfbahnhof um einen unterirdischen Durchgangsbahnhof ergänzt.

Hauptbahnhof Zürich

Längste Tramlinie

Die Schmalspurbahn zwischen Biel/Bienne und Ins soll ab 2014 bis etwa 2018 bis in das Bözingenfeld verlängert und dabei auf Trambetrieb umgestellt werden. Diese Regio-Tram wird dann mit rund 27 km die längste Tramlinie der Schweiz sein. Bereits zwischen 1877 und 1948 fuhr in Biel/Bienne eine erste Strassenbahn, die jedoch nach und nach durch Trolleybusse ersetzt wurde.

Zug der Schweizerischen Bundesbahnen in Brienz

Verkehr

Fahren auf der Autobahn

Zwischen Luzern-Süd und Ennethorw wurde 1955 die erste nationale kreuzungsfreie Autostrasse der Schweiz eröffnet. Die Fahrer konnten zu Beginn nur spärlich beschleunigen, da die Auffahrten nur wenige Meter lang waren. Im Gegensatz zu heute gab es noch keine Seitenstreifen oder Leitplanken. Auch die Fahrbahnmarkierungen waren noch nicht gegeben. Die Ausfallstrasse Luzern-Süd ist inzwischen Teil der Autobahn A2.

Grossflächig verbunden

Drei Jahre nach der Einweihung der ersten kreuzungsfreien Autostrasse beschlossen die Schweizer Bürger per Volksentscheid, dass ein Nationalstrassennetz gebaut werden sollte. Gegen die Abstimmung sprach sich einzig der Kanton Schwyz aus. Nachdem das Schweizer Parlament 1960 das Nationalstrassengesetz, das eine Autobahnstrecke von insgesamt 1811 km vorsah, verabschiedet hatte, wurde 1963 mit dem Bau des Teilstücks der ersten Autobahn von Genf nach Lausanne begonnen. Heute gilt das eidgenössische Autobahnnetz als eines der dichtesten der Welt.

Genfer Automobilsalon

Schweizer Autobahn

Traumautos in Genf

Der 1905 erstmals eröffnete Internationale Auto-Salon Genf ist der grösste in der Schweiz. In seiner mehr als 100-jährigen Geschichte erfuhr er mehrere Unterbrechungen. 1982 zog der Genfer Auto-Salon vom alten Palais des expositions in der Innenstadt zum neuen Messekomplex Palexpo um. Hier werden jedes Jahr Autos aller führenden Hersteller vom Kleinwagen bis zur Luxuskarosse ausgestellt. Jährlich kommen bis zu 700 000 Besucher.

Getunter Mercedes SLR McLaren

Das teuerste Auto

Der Schweizer Tuner Ueli Anliker hat einen Mercedes SLR McLaren aufgehübscht. „Mercedes-Benz SLR McLaren 999 Gold Dream" hat er sein Tuning-Objekt getauft. Schnell wird klar, warum: Innen funkelt das Gold. Um das Luxusgefährt sein Eigen nennen zu können, ist mehr als Kleingeld nötig. Der Wagen kostet etwa 4 Mio. CHF.

Fahrzeuge & Routen

Postauto auf dem Weg nach Griesalp

Kein Weg zu steil
Mit grosser Vorsicht und Aufmerksamkeit, aber viel Routine manövrieren die Fahrer das riesige gelbe Postauto vorbei an Bächen und blühenden Landschaften die steilste Postautostrecke in Europa hinauf. Der kurvige und enge Weg zwischen Kiental und Griesalp im Berner Oberland weist eine maximale Steigung von 28% auf. Doch die schwierige Fahrt ist nur im Sommer möglich.

Ab in die Luft
24,4 Mio. Reisehungrige haben 2011 den grössten Flughafen der Bundesgenossenschaft, den Flughafen Zürich, in Anspruch genommen. Die Zahl bedeutete für das Unternehmen einen neuen Passagierrekord. Davon steuerten 19 Mio. Gäste ein Ziel innerhalb Europas an, 5,4 Mio. Kinder und Erwachsene waren an Bord eines interkontinentalen Flugs. Die erste Piste wurde 1948 eröffnet, 1953 folgte der Flughof. Bei Umfragen unter Passagieren wurde der Zürcher Flughafen mehrfach unter die besten Airports Europas gewählt.

Hinaus in die Welt
Seit 1927 heben auf dem ältesten Schweizer Flughafen die Maschinen vom Boden ab. Die Baumassnahmen für den Flughafen St. Gallen-Altenrhein gehen auf Professor Claude Dornier (1884–1969) zurück, der in Altenrhein sein „Fliegendes Boot" DO-X anfertigen wollte. Die ersten Linienflüge nach Innsbruck, Basel, München und Dübendorf starteten von einer nur 600 m langen Graspiste aus. Inzwischen ist die Start- und Landebahn 1500 m lang.

Eine andere Sicht
In Sitten (Sion) im Kanton Wallis bestieg der eidgenössische Flugpionier

Flughafen St. Gallen

Flughafen Zürich

Verkehr

Eduard Spelterini (1852 bis 1931) am 1. Oktober 1898 sein eigentümliches Gefährt „Wega" und machte sich damit auf, als Erster die Alpen in einem Ballon zu überqueren. Begleitet wurde der Schweizer von Professor Arnold Heim (1882 bis 1965), einem angesehenen Geologen. Die Fahrt endete nach etwas mehr als fünf Stunden auf einer Wiese in der Nähe der ostfranzösischen Stadt Besançon.

Alt aber gut

Als die „Zürich" in Dienst genommen wurde, hatte das Schiff schon ein paar Jährchen auf dem Kasten. 1893 zum ersten Mal fertiggestellt, war es kurze Zeit später schon nicht mehr einsatzfähig. Das Schiff musste erst wieder aufwendig generalüberholt werden, bevor es am 30. März 1943 als ältestes Schiff unter Schweizer Flagge in See stach.

Das grösste Arbeitsschiff

Das Schweizer Konstruktionsbüro Allseas Group S.A. hat das grösste Schiff der Welt entworfen, welches ab 2013 bei der Demontage von Bohrinseln in Tiefwassergebieten eingesetzt werden soll. Das Schiff mit dem Namen „Pieter Schelte" soll aus zwei grossen Tankern gebildet werden, die nach dem Vorbild von Katamaranen miteinander verbunden sind. Es legt an der Bohrplattform an und baut deren oberen Teil ab. Danach soll es auch den Unterwasserteil demontieren.

Geplantes Arbeitsschiff

Eine runde Sache

In Zürich-Akad haben Archäologen 1979 im Rahmen einer Rettungsgrabung einen der wichtigsten historischen Funde des letzten Jahrhunderts ausgehoben: Dort wurde das älteste Vollscheibenrad nordwestlich der Alpen, das noch komplett erhalten ist, entdeckt. Es stammt nach Schätzungen vermutlich aus der Zeit zwischen 3400 und 3200 v. Chr.

Ausflugsdampfer „Stadt Zürich" auf dem Zürichsee

Fahrzeuge & Routen

Auf grosser Fahrt
Unterstützt vom Schweizer Uhrenunternehmen Breitling gelang Bertrand Piccard (* 1958) gemeinsam mit dem Briten Brian Jones (* 1947) im Jahr 1999 die erste Umrundung der Erde mit einem Ballon. Für diesen Weltrekord benötigten die beiden Abenteurer drei Versuche. Der erste war wegen eines Kerosinverlustes abgebrochen worden, der zweite wurde durch ein Überflugverbot Chinas ungültig.

Wirtschaft

Schiffe im Basler Hafen

Wirtschaft

Wenig Arbeitslose
Die wenigsten Arbeitslosen aller Schweizer Kantone hatte Anfang 2012 Obwalden mit 1,1%. Lediglich 185 Personen waren als erwerbslos gemeldet. Dagegen waren es in Genf mehr als 12 000 Arbeitslose (5,5%). Trotz grosser regionaler Unterschiede – die

Er steht auf Technik

Sie liebt die Verwaltung

Schweiz ist eines der Länder mit der niedrigsten Arbeitslosenquote weltweit; im Februar 2012 betrug sie in der gesamten Eidgenossenschaft 3,4%, in der Deutschschweiz waren es sogar nur 2,8%. In sieben der 26 Kantone und Halbkantone gab es faktisch Vollbeschäftigung, nämlich weniger als 2% Erwerbslose.

Verwaltung und Soziales
Junge Schweizer Frauen arbeiten gerne im Bereich Wirtschaft und Verwaltung. Etwas mehr als 60% waren im Jahr 2009 in dem bei weiblichen Angestellten beliebtesten Bildungsfeld tätig. Dies ergab eine Ermittlung des Bundesamtes für Statistik in Neuchâtel unter Schülerinnen und Schülern, die jünger als 20 Jahre alt waren und sich im ersten Ausbildungsjahr einer mehrjährigen Ausbildung befanden. Auf den nächsten Plätzen folgten Ausbildungen im Gesundheitsbereich und bei den persönlichen Dienstleistungen.

Tüfteln, schrauben und bauen
Das beliebteste Bildungsfeld bei jungen Schweizer Männern lag 2009 im Bereich Ingenieurswesen und Technik. In der Alpenrepublik absolvierten in besagtem Jahr in diesem Sektor 12 000 Männer ihr erstes Ausbildungsjahr. An zweiter Stelle rangierte das Feld Wirtschaft und Verwaltung, an dritter Stelle Architektur und Bauwesen. Die geschlechtsspezifische Berufswahl hat sich seit 1990 kaum geändert. Bei den Männern gab es einen Anstieg im Bereich Informatik und im persönlichen Dienstleistungsbereich, bei Frauen bei den Berufen des Sozialwesens.

Zwischen Laptop und Handwerk

Jobmotor Dienstleistungen
Mehr als 70% aller Schweizer Erwerbstätigen sind im Dienstleistungsbereich beschäftigt, davon wiederum 15% im Handel. Damit liegt der sogenannte tertiäre Sektor weit vor der Industrie (24%). Die wichtigsten Bereiche der Industrie sind Uhrenindustrie, Präzisionsinstrumente, Maschinenbau, Apparate, Chemie/Pharma, Nahrungsmittel sowie Pharmazeutik und Medizintechnik. In der Landwirtschaft arbeiten nur noch rund 4% der Erwerbstätigen, dennoch wird sie vom Staat hoch subventioniert.

Vorbild Glarus
Der Kanton Glarus spielte bei der Sozialgesetzgebung der Schweiz eine führende Rolle. 1846 verbot die Kantonsregierung die Beschäftigung von Kindern unter zwölf

Gastronomie, eine der grössten Dienstleistungsbranchen

Arbeit & Soziales

Handweben wie damals

Jahren in mechanischen Spinnereien, 1856 wurde das Verbot auf alle Fabriken ausgedehnt. Gleichzeitig wurden Nachtschichten von höchstens elf und Tagschichten von höchstens 13 Stunden erlaubt und eine Obergrenze von 14 Stunden für den Normalarbeitstag festgelegt. Ab 1858 war in Glarus die Sonntagsarbeit verboten. Mit Beschluss der Landsgemeinde, aber gegen den Willen der Kantonsregierung, wurde der Normalarbeitstag 1864 auf zwölf Stunden begrenzt und die Nachtarbeit verboten, ab 1872 galt eine Arbeitszeit von maximal elf Stunden.

Gesundheitszentrum

Zum 1833 gegründeten Universitätsspital Zürich, das als grösste öffentliche Klinik der Schweiz gilt, gehören rund 40 Abteilungen und Institute. Es beschäftigt mehr als 6000 Mitarbeiter, darunter rund 1200 Ärzte. Die grösste Privatspitalgruppe in der Schweiz ist die Hirslanden-Gruppe in Zürich.

Mit einem Jahresumsatz von rund 1 Mrd. CHF hat sie einen Anteil von etwa 6% am Gesamtumsatz der Schweizer Spitäler. Die Gruppe beschäftigt in der Schweiz ca. 6500 Personen, davon 1500 Ärztinnen und Ärzte.

Haupteingng des Universitätsspitals Zürich

Notaufnahme des Zürcher Spitals

Wirtschaft

Geld verwalten

Das seit 1997 unter dem Namen Credit Suisse bekannte Unternehmen ist die älteste Bank der Schweiz. Alfred Escher (1819–1882) hatte sie am 5. Juli 1856 als Schweizerische Kreditanstalt (SKA) ins Leben gerufen. Ihren Sitz hat die Bank seit jeher in Zürich, seit 1873 ist sie am Paradeplatz beheimatet. Weltweit arbeiteten 2011 knapp 50 000 Menschen für die Bank, in der Schweiz waren es rund 21 000. Die Bilanzsumme der Credit Suisse betrug 2011 mehr als 1000 Mrd. CHF.

Gut anlegen

Im Jahr 2011 war die UBS in der Schweiz die Bank mit der grössten Bilanzsumme (1400 Mrd. CHF) und dem höchsten zu verwaltenden Vermögen. Annähernd 65 000 Menschen arbeiteten im Bereich Vermögensverwaltung, Investment Banking, Asset Management sowie Privat- und Firmenkundengeschäft. Zehn Jahre zuvor hatten die Schweizerische Bankgesellschaft und der Schweizerische Bankverein fusioniert. Die internationale Finanz- und die Eurokrise machten der UBS in den letzten Jahren schwer zu schaffen.

UBS-Gebäude in Basel

Sicherer Schutz

In über 170 Ländern ist die Zurich Insurance Group, vormals Zurich Financial Services, zu Hause. 60 000 Mitarbeiter verwalteten 2011 Bruttoeinnahmen und Policengebühren in Höhe von rund 52 Mrd. CHF. Die Leitung des grössten Schweizer Versicherungsunternehmens hat Martin Senn inne, Josef Ackermann ist Präsident des Verwaltungsrats. Die Zürich Versicherungs-Gesellschaft wurde 1872 als See-Rückversicherung gegründet.

Gut abgesichert

1,87 Mio. Menschen, rund ein Viertel aller Bürger in der Schweiz, vertrauten im Jahr 2011 auf den Schutz der Helsana-Gruppe. Das Unternehmen mit Sitz in Dübendorf (Kanton Zürich) ist die grösste Schweizer Krankenversicherung. Die Prämieneinnahmen beliefen sich 2011 auf 5,6 Mrd. CHF. Die Helsana-Gruppe entstand 1996 aus den Versicherungen Helvetia und Artisana.

Zentrale der Credit Suisse am Paradeplatz in Zürich

Geldabheben am Bankautomaten

Banken & Versicherungen

Verwaltungssitz in Dübendorf-Stettbach

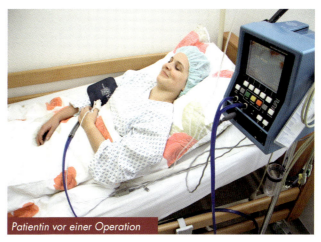
Patientin vor einer Operation

Zentrale der Zurich Insurance Group am Mythen-Quai

Wirtschaft

Schweizer-Franken-Noten und Pass

Ein grosses Vermögen

Laut des Global Wealth Reports der Allianz Versicherungen aus dem Jahr 2011 ist die Schweiz das reichste Land der Welt. Die Bundesgenossenschaft lag auch schon wie im Vorjahr weit vor den USA und Japan. Für die Studie hatte das Unternehmen die Vermögens- und Schuldenlage von privaten Haushalten in 50 Staaten miteinander verglichen. Bei der wirtschaftlichen Wertschöpfung führte der Internationale Währungsfonds die Schweiz 2011 mit einem Bruttoinlandsprodukt pro Kopf von rund 81 200 US-Dollar hinter Luxemburg (113 500 US-Dollar), Katar (98 300) und Norwegen (97 300) auf Platz vier.

Teures Pflaster

Das Leben in Zürich ist nicht gerade günstig, das wissen die Einwohner nur zu gut. Anfang 2012 wurde die Stadt laut einer Studie der Economist Intelligence Unit, einem Teil des britischen Wirtschaftsmagazins „The Economist", zur teuersten Stadt der Welt erklärt. In der zweimal jährlich veröffentlichten Studie werden die Lebenshaltungskosten von 130 Grossstädten in 93 Ländern verglichen. Sie vergleicht die Preise (in US-Dollar) für Waren und Dienstleistungen wie Lebensmittel, Verkehr, Mieten und Kleidung. Vorjahresspitzenreiter Tokio rutschte auf Platz zwei ab. Mit Zürich, Basel, Genf und Bern war die Schweiz 2011 gemäss einer Studie der Londoner Personalberatung ECA als einziges Land mit vier Orten in den Top Ten der teuersten Städte Europas vertreten. In dieser Liste rangierte Moskau an der Spitze, Zürich war Dritter.

Gehobenes Wohnen

Wer in Küsnacht am Zürichsee leben will, der sollte frühzeitig anfangen

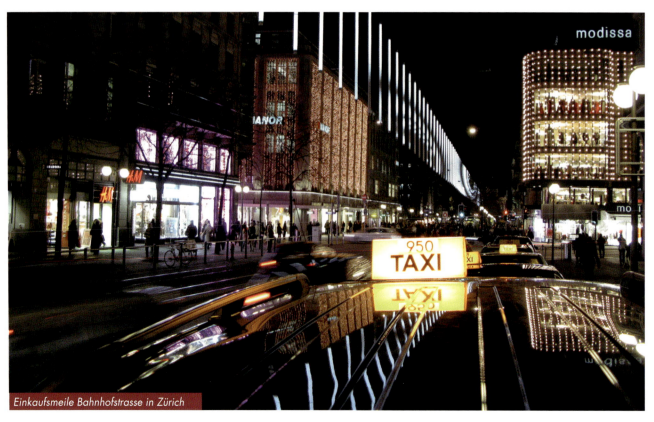

Einkaufsmeile Bahnhofstrasse in Zürich

Luxus

Schiffsanlegestelle Heslibach in Küsnacht

zu sparen. Der Ort im Kanton Zürich gilt als die teuerste Gemeinde der Schweiz. Vom Wirtschaftsmagazin „Bilanz" wurde sie im Jahr 2006 zudem zur lebenswertesten nationalen Stadt gewählt. Prominente wie die US-Popsängerin Tina Turner (* 1939) und der Verleger Hans Heinrich Coninx (* 1945) haben hier u. a. ihr Zuhause gefunden.

Millionen mit Möbeln

Er ist zwar kein Schweizer, aber dennoch der reichste Mann der Alpenrepublik. Der Schwede Ingvar Kamprad (* 1926) gründete 1943 das weltweit erfolgreiche Unternehmen Ikea, 1958 folgte die Eröffnung des ersten Möbelhauses. Das Wirtschaftsmagazin „Bilanz" schätzte sein Vermögen 2011 auf 35,5 Mrd. CHF. Seit den 1970er-Jahren lebt er in Epalinges im Kanton Waadt. Vielleicht haben ihn neben der landschaftlichen Schönheit auch die Steuervorteile in die Schweiz gelockt, denn in seiner Heimat Schweden müsste Kamprad wesentlich mehr an den Fiskus abgeben.

Teures Telefonieren

Auch das teuerste Handy der Welt kommt aus der Schweiz: Die Firma Goldvish in Genf verkauft ihr exklusives Mobiltelefon „Le Million" für rund 1,2 Mio. CHF. Es besteht aus 18 Karat Weissgold und ist mit 120 Diamanten besetzt. Es gibt auch eine „normale" Linie, „Illusion" aus 18 Karat Gold in Gelb, Weiss, Rose oder Platin und mit Schlangenleder ummantelt. Kosten: umgerechnet schlappe 23 000 CHF.

Handy aus Gold

Kostbarer Farbfehldruck

Für 1,8 Mio. CHF kam 2011 der teuerste Brief der Schweiz in der Galerie Dreyfus in Basel unter den Hammer. Der 1855 abgesandte „Champion"-Brief ist nicht wegen seines Inhalts, sondern wegen der aufgeklebten Briefmarken so begehrt. Auf dem Umschlag finden sich neben einer herkömmlichen braunen 5-Rappen-„Strubel-Marke" auch zwei „Strubel 5 Rappen" in blauer Farbe, die eigentlich braun sein müssten. Die Fehlprägung ist gut erhalten.

„Champion"-Brief

Wenger „Giant Knife"

Messer mit vielen, vielen Funktionen

Das grösste Armeemesser der Welt hat 314 Werkzeuge, ist 29,5 cm dick und 4,6 kg schwer. Es wurde von der Firma Messer Meister aus St. Gallen hergestellt und ist bereits seit 1992 im „Guinness Buch der Rekorde". Mit dem „Giant Knife 2007", einem 24 cm breiten, mit 87 Werkzeugen und 141 Funktionen ausgestatteten, 1,3 kg schweren Taschenmesser sicherte sich die Firma Wenger 2007 den Eintrag weltgrösstes Taschenmesser.

Ikea-Gründer Ingvar Kamprad in der Universität Växjö

Wirtschaft

Astrologische Uhr

Longines sportlich

Longines klassisch

International beliebt
Ob Armbanduhr, Taschenuhr oder Stoppuhr – die Schweiz ist mit einer Stückzahl von 29,8 Mio. wertmässig Exportweltmeister in Sachen Uhren. 21,8 Mrd. US-Dollar wurden laut des Verbands der Schweizerischen Uhrenindustrie FH im Jahr 2011 umgesetzt. Im Mittel kostete eine exportierte Uhr 688 US-Dollar. Die Volksrepublik China exportierte deutlich mehr Uhren (682 Mio.), sie waren aber mit 3,7 Mrd. US-Dollar wesentlich weniger wert als das Schweizer Sortiment.

Präzise Feinarbeit
An keinem anderen Ort in der Schweiz werden so viele Uhren produziert wie in Neuchâtel (Neuenburg) im gleichnamigen Kanton. Dort konzentriert sich rund ein Drittel aller Arbeitsplätze in diesem Sektor. Wichtige Fertigungsstätten stehen in La Chaux-de-Fonds und Le Locle. Der Kanton ist inzwischen auch zu einem wichtigen Forschungspunkt für die nationale Mikro- und Nanotechnologie geworden. Als grösster Sohn der Stadt in Sachen Uhren gilt Abraham-Louis Breguet (1747–1823), der zahlreiche astronomische Uhren, Chronometer, Seeuhren, Pendelwerke und Thermometer konstruierte.

Die Zeit im Blick
Die verschiedenen Spielarten der Zeitmessung stehen beim Schweizer Unternehmen Longines seit 180 Jahren im Mittelpunkt. Sie ist international die älteste eingetragene Uhrenmarke. Der Vermerk beim Schweizer Bundesamt

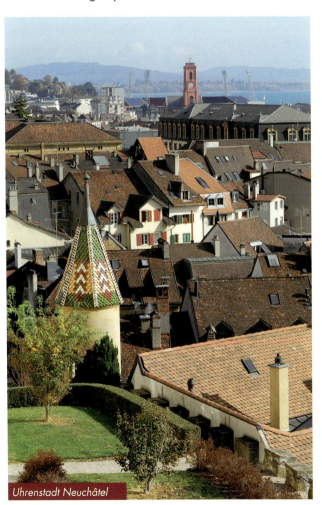
Uhrenstadt Neuchâtel

Swatch in den Schweizer Farben

Uhren

Taucheruhr von Swatch

Herrenuhr von Rolex

Kein Tropfen Wasser
6000 m Tiefe sind für die Taucheruhr CX Swiss Military Watch 20 000 Feet kein Problem. Die Weltrekorduhr – seit 2009 eingetragen im „Guinness Buch der Rekorde" – bleibt auch dann noch wasserdicht. Auf der Baselworld 2009, der wichtigsten Uhren- und Schmuckmesse, wurde sie zum ersten Mal der Öffentlichkeit präsentiert.

Liebling der Männer
Oft kopiert und doch nie erreicht ist die grösste Uhrenmarke der Welt, die Rolex. In Genf beheimatet, hat sich der 1905 gegründete Hersteller auf die Produktion von erlesenen Zeitmessern in der oberen Preisklasse spezialisiert. Als erste Firma gab sie ab den 1930er-Jahren Uhren in den Handel, auf deren Ziffernblättern der Markenname platziert war. Heute beschäftigt der Rolex-Konzern weltweit mehr als 5000 Mitarbeiter und erzielt einen Umsatz von rund 3 Mrd. CHF jährlich.

für Geistiges Eigentum erfolgte am 27. Mai 1889. In Saint-Imier im Kanton Bern entstand bereits 1832 das erste Fabrikgelände. Heute gehört die Traditionsmarke zur Swatch Group.

Bunt ist Trumpf
Swatch, ein Kunstwort aus Swiss und Watch (engl. Armbanduhr) ist gleichzeitig der Name des weltgrössten Uhrenkonzerns und der Marke der Firma. 1983 wurde das Unternehmen gegründet, das in Biel/Bienne im Kanton Bern seinen Sitz hat. Zweimal im Jahr bringt Swatch eine neue Kollektion auf den Markt. Verkaufsschlager sind vor allem die meist bunt anmutenden Plastikuhren. 1987 lancierte der Konzern seine Kindermarke „Flik Flak". Die Swatch Group hat ein ehrgeiziges Ziel: Bis zum Jahr 2033 sollen genau 1111 Mio. Swatch-Uhren verkauft werden.

Rolex-Gebäude in Biel/Bienne

Wirtschaft

Glockenspiel in Zürich

Handwerk mit Geschichte

Die Wurzeln der ältesten permanenten Firma in der Schweiz gehen zurück auf das Jahr 1367. Die Glocken- und Kunstgiesserei H. Rüetschi AG in Aarau im Kanton Aargau bietet heute neben hochwertigen Glocken auch seine Dienste im Bereich Engineering, Stahlbau und Mechanik sowie Kunstguss an. Im Freiburger Münster kann ein älteres Exemplar aus den Händen der Giesserei bestaunt werden.

Fördern und verkaufen

Glencore ist der weltweit grösste Rohstoffhändler, doch das Unternehmen möchte noch weiter wachsen. Ende 2012 will es mit dem Bergbauunternehmen Xstrata unter dem Namen Glencore Xstrata International fusionieren. Der gemeinsame Marktwert liegt bei rund 90 Mrd. US-Dollar, beide Unternehmen zusammen beschäftigen weltweit ca. 95 000 Menschen. Ihren Sitz haben die Konzerne in dem steuergünstigen Kanton Zug.

Unternehmen

Lebensmittel für die ganze Welt

Seit der Gründung im Jahr 1866 durch den aus Deutschland stammenden Apotheker Henri Nestlé (1814–1890) hat sich die Schweizer Aktiengesellschaft Nestlé zum grössten Lebensmittelkonzern der Welt entwickelt. In Cham im Kanton Zug ist das grösste Industrieunternehmen der Bundesgenossenschaft ansässig, in Vevey im Kanton Waadt findet sich die Hauptverwaltung. Zu der Produktpalette gehören u. a. Schokoladen, Cornflakes und Babyprodukte. Nestlé beschäftigt weltweit über 300 000 Mitarbeiter und erwirtschaftete 2011 mit Lebensmitteln und Getränken einen Umsatz von 84 Mrd. CHF.

Gebäudeteil mit Firmenschriftzug

Nestlé-Zentrale in Vevey am Genfersee

Firmenzentrale in Baar

Wirtschaft

Historische Käserei Hofwil

Aluminiumblech

Grossproduktion von Käse

Die Schweizer sind nicht nur für ihre exzellenten Uhren bekannt, sondern auch für ihren Käse. Die Produktion des Milchprodukts hat eine lange Tradition. 1802 entstand auf dem Landgut Hofwil im Kanton Bern, das vom Pädagogen und Landbauern Philipp Emanuel von Fellenberg (1771 bis 1844) verwaltet wurde, die erste Talkäserei der Alpenrepublik. Zu diesem landwirtschaftlichen Musterbetrieb kamen nach und nach mehrere Lehr- und Erziehungsanstalten hinzu.

Metallkunst aus der Schweiz

Gustave Naville schloss sich 1887 mit Georg Robert Neher, Peter Emil Huber-Werdmüller, Paul Louis Toussaint Héroult sowie acht weiteren Aktionären zusammen und rief die Schweizerische Metallurgische Gesellschaft ins Leben. Sie bauten ein Jahr später in Neuhausen am Rheinfall im Kanton Schaffhausen die erste Aluminiumfabrik Europas, die Vorgängergesellschaft der Alusuisse, die heute zum kanadischen Konzern Rio Tinto Alcan (Montreal) gehört.

Hofwil heute – ein Gymnasium mit Internat

Unternehmen

Zapfsäule für Dieselkraftstoff

Tankstelle im Tessin

Benzin oder Diesel?
Knapp 3000 Tankstellen in 14 europäischen Ländern werden von rund 85 Unternehmen geführt, die Teil der Vereinigung AVIA International sind. Die ehemalige Schweizer Einkaufsgemeinschaft ist die weitverbreitetste konzernunabhängige Mineralölmarke in Europa. In der Eidgenossenschaft hat AVIA mit rund 700 Tankstellen zudem das grösste Tankstellennetz des Landes aufgebaut.

Weltweit für die Telekommunikation
Bern bildete den ersten Sitz einer internationalen Organisation. Die 1865 gegründete Internationale Fernmeldeunion (International Telecommunications Union) nahm dort 1868 ihre Arbeit auf. Erster Vorsitzender wurde der Schweizer Louis Curchod (1826–1889). 1948 verlegte die einzige weltweite Organisation, welche die technische Entwicklung der Telekommunikation im Blick hat, ihren Mittelpunkt nach Genf.

ITU-Denkmal in Bern

Verzeichnis der Rekorde und Superlative

Alltag & Freizeit
Richterswil: Der weltgrösste Räbenlichterumzug 10
Appenzeller Sennentracht: Die bekannteste Schweizer Männertracht 10
Kränzlitracht: Die älteste Sensler Tracht 10
Zoo Zürich: Der grösste Schweizer Tiergarten 11
Hallwil: Einmaliger Zyklus von Winterbräuchen 12
Kloster Muri: Ältestes deutschsprachiges Osterspiel 12
Krippenspiel: Das erste entstand in St. Gallen 13
Narrenzunft Honolulu: Die älteste Faschingsgesellschaft in Solothurn 13
Albanifest: Das grösste jährlich stattfindende Altstadtfest Europas 14
Badenfahrt: Das grösste Fest im Aargau 14
Basler Fasnacht: Die grösste Schweizer Fasnacht 14
Bundesfeier: Das wichtigste eidgenössische Fest 14
Luzerner Fasnacht: Das grösste jährliche Stadtfest 15
OpenAir St. Gallen: Das einzige ununterbrochen stattfindende Schweizer Festival 15
Paléo Festival: Das grösste nationale Open-Air 16
Street Parade: Die weltgrösste Techno-Party (Zürich) 16
Züri Fäscht: Das grösste Schweizer Volksfest 16

Bauen & Wohen
Brusio: Das berühmteste Kreisviadukt der Welt 20
Letzigrabenbrücke: Die längste geplante Zugbrücke 20
Kapellbrücke: Die älteste überdachte Holzbrücke 20
Gotthard-Basistunnel: Der künftig längste Eisenbahntunnel der Welt 21
Triftbrücke: Die längste Hängebrücke im Alpenraum 21
Graubünden: Das Burgen-Eldorado 22
Castello di Mesocco: Die grösste Ruinenanlage 22
Schloss Burgdorf: Die grösste Schweizer Burg 22
Schloss Chillon: Die berühmteste Wasserburg 23
Schloss Habsburg: Die berühmteste Stammburg 23
Kleiner Hafner: Die älteste Pfahlbausiedlung 24
Cathédrale Notre-Dame: Der bedeutendste frühgotische Bau 24
Santa Maria degli Angioli: Der bedeutendste Sakralbau 24
Grand Chalet: Das grösste Holzhaus Europas 25
Chutzenturm: Der höchste Holzturm 25
Brauerei Monstein: Die höchstgelegene Brauerei Europas 26
Hammetschwandlift: Der höchste Freiluft-Aufzug Europas 26
Saldome 2: Der grösste Holzkuppelbau Europas 26
Haus Bethlehem: Das älteste Holzwohnhaus Europas 27
Niesentreppe: Die längste Treppe der Welt 27

Bildung
Handweberei Tessanda: Die kleinste Berufsschule 30
Gewerblich Industrielle Berufsschule Bern: Die grösste Berufsschule 30
Klosterschule St. Gallen: Die älteste Schule im deutschen Sprachraum 30
Alte Kantonsschule: Das älteste nichtkirchliche Gymnasium (Aarau) 31
Kochbuch „Tiptopf": Das meistverkaufte Schulbuch 31
Universität Basel: Die älteste Hochschule 32
Universität Zürich: Die grösste Hochschule 32
Universität Freiburg: Die einzige zweisprachige Hochschule 32
ETH Zürich: Schweizer Universität mit den meisten Nobelpreisträgern 32
Nadeshda Suslowa: Die erste promovierte Frau im deutschen Sprachraum 33
Emily Kempin-Spyri: Die erste promovierte Juristin 33

Essen & Trinken
Käsefondue: Das bekannteste Käsegericht 36
Comptoir von Morges: Das grösste Käsefondue 36
Raclette: Die berühmteste Spezialität der Romandie 36
Emmentaler: Die bekannteste Schweizer Käsesorte 36
Sbrinz: Die älteste nationale Käsesorte 37
L´Etivaz: Die erste Käsesorte im Eidgenössischen Register 37
Glarner Schabziger: Das älteste Markenprodukt 37
Greyerzer: Der erste Käse mit drei Awards „Bester Käse der Welt" 37
Rösti: Das bekannteste nationale Kartoffelgericht 38
Maggi: Der erste Brühwürfel auf pflanzlicher Basis 38
Berner Platte: Die einzige Fleischplatte mit historischem Datum 38
Zürcher Geschnetzeltes: Das bekannteste Gericht der Stadt 38
Müesli: Das weltweit berühmteste Frühstück 39
Brot: Die ältesten Brote der Welt 39
Marroni: Die berühmtesten Edelkastanien (Tessin) 39
Cailler: Die erste Tafelschokolade der Welt 39
Zürich: Das grösste Schokoladenmosaik der Welt 41
Charles-Amédeé Kohler: Schöpfer der ersten Haselnussschokolade 41
Jakob Christoph Rad: Die erste Würfelzuckerpresse 41
Zyliss AG: Drei bekannte Erfindungen – Salatschleuder, Knoblauchpresse, Zwiebelhacker 41
Absinth: In der Schweiz erfundenes Getränk 42
Appenzeller Alpenbitter: Der bekannteste Schweizer Bitterlikör 42
Hollen Single-Malt: Der erste Schweizer Whisky 42

St. Maria: Die kleinste Bar der Welt 42
Brauerei Schützengarten: Die älteste noch produzierende Brauerei 42
Feldschlösschen: Die bekannteste Biermarke 42
Fendant: Der bekannteste Schweizer Weisswein 43
Visperterminen: Der höchste Rebberg Europas 43
Satigny: Der grösste nationale Winzerort 43

Forschung & Technik
CERN: Die erste Simulation des Urknalls 46
Claude Nicollier: Der erste Schweizer im Weltraum 46
System 51 Pegasi b: Der erste extrasolare Planet, von Schweizern entdeckt 48
Jacob Nufer: Der erste erfolgreiche Kaiserschnitt 48
Jean Senebier: Der erste Photosyntheseforscher 48
Caspar Bauhin: Der erste Anatom der Muskeln 48
Karl Ludwig Rütimeyer: Der erste Erforscher des Gresslyosaurus 48
Willy und Peter Michel: Konstrukteure der ersten Insulinpumpe 49
Maurice E. Müller: Pionier der orthopädischen Chirurgie 49
Werner Arber: Wegbereiter der Gentechnologie 49
Zytglogge: Die älteste Turmuhr in Bern 50
Pendel im Hotel Cornavin: Das längste mechanische Uhrpendel der Welt 50
Adolph Eugen Fick: Erste Kontaktlinsen (Zürich) 50
Philippe-Guy Woog: Erste elektrische Zahnbürste 50
Martin Othmar Winterhalter: Erfinder des ersten gebrauchsfertigen Reissverschlusses 51
Samuel Blumer: Das erste elektrische Heizkissen 51
Georges Audemars: Die erste Kunstseide 51
Jacques E. Brandenberger: Das erste Cellophan 51
John H. Kruesi: Erbauer des ersten Phonografen 51
Logitech: Die erste Lasermaus der Welt 52
Winterthur: Die erste nationale Chemiefabrik 52
Armand und Henri Dufaux: Erfinder des Helikopters 52
Collombey: Die erste Schweizer Erdölraffinerie 53
Kernkraftwerk Beznau: Das dienstälteste AKW 53

Geschichte
Wilhelm Tell: Der berühmteste Nationalheld 56
Arnold Winkelried: Der bekannteste Märtyrer 56
Uri, Schwyz, Unterwalden: Die ältesten Kantone 56
Jura: Der jüngste Kanton 57
Aarau: Die erste Bundeshauptstadt 57
Auswanderung: Grösste Immigrationswelle (USA) 58
Ernest Failloubaz: Erste Aufklärungsflüge (Militär) 58
Jean-Jacques de Sellon: Die erste Friedensgesellschaft Kontinentaleuropas 58
Internationales Ständiges Friedensbüro: Die erste Schweizer Organisation 59
Fridolin Schuler: Erstes kontinentales Fabrikgesetz 59
Zürich 4 und 6: Die ersten Schweizer Briefmarken 59
Bibracte: Erster militärischer Kampf der Schweizer 61
Dornbühl: Erster grosser militärischer Konflikt Berns 61
Morgarten: Der erste Kampf zwischen Eidgenossen und Habsburgern 61
Alte Eidgenossenschaft: Das erste Bündnis 61
Erster Kappelerkrieg: Erster Reformationskonflikt 62
Näfels: Der letzte Kampf zwischen Habsburgern und Eidgenossen 62
Nancy: Letzte Schlacht in den Burgunderkriegen 62
Dornach: Der letzte Krieg des Schwäbischen Bundes und der Eidgenossen 63
Villmergen: Entscheidungsschlacht der Eidgenossen 63
Defensionale von Will: Erste Wehrverfassung 63

Gesellschaft
Bioprodukte: Die höchsten Pro-Kopf-Ausgaben 66
Altglas: Die fleissigsten Sammler 66
Bahnfahren: Die meisten Bahnkilometer 66
Telefon: Die meisten Ferngespräche pro Kopf 66
Sphinx-Observatorium: Der höchste Arbeitsplatz Europas 66
Exiltibeter: Die meisten leben in der Schweiz 67
Schokolade: Die grössten Naschkatzen 68
David Schrag: Der grösste Schweizer Bürger 68
Rosa Rein: Die älteste Schweizer Bürgerin 68
Babynamen: Die beliebtesten Namen 68
Rätoromanen: Die kleinste Sprachgruppe 68
Tessin: Der einzige rein italienischsprachige Kanton 68
Graubünden: Die meisten Amtssprachen 68
Deutsch: Die grösste Sprachgemeinschaft 70
Schweizerisches Rotes Kreuz: Das älteste Hilfswerk 70
Appenzell Innerrhoden: Der dünnbesiedelste Kanton 70
Bunker: Die höchste Bunkerdichte der Welt 72
Martin Kappler: Die meisten Kaffeesahnedeckel 72
St. Antönien: Die längste nationale Trottinett-Abfahrt 72
Unter-Albis: Der einzige Verein für den Erhalt einer authentischen Metzgete 72
Maikäfer: Jagd- und Tötungspflicht im Kanton Bern 73
Wäschetrocknen: Sonntags verboten 73
Appenzell Ausserrhoden: Nacktwanderverbot 73

Kultur
Schweizer Nationalbibliothek: Die meisten Bücher 76
Stiftsbibliothek St. Gallen: Die weltgrösste Sammlung alter Handschriften 76

Verzeichnis der Rekorde und Superlative

Rechtschreibduden: Das meistverkaufte Buch 76
Schwabe Verlag: Der älteste nationale Verlag 76
„Heidi": Die bekannteste Schweizer Buchserie 77
Max Frisch: Der meistgelesene Schweizer Autor 77
Charles-Ferdinand Ramuz: Der bedeutendste Autor der Romandie 77
Martin Suter: Der meistgelesene Schweizer Autor der Gegenwart 77
Locarno: Das älteste internationale Filmfestival 78
Solothurn: Das älteste nationale Kinofestival 78
Festival Visions du Réel: Das bedeutendste Dokumentarfilmfestival der Welt 78
Arthur Cohn: Der erfolgreichste Schweizer im internationalen Filmgeschäft 78
„Die Schweizermacher": Der erfolgreichste Film 79
Wandern: Der längste Wanderfilm (30 Stunden) 79
Roger Schawinski: Der erfolgreichste TV-Produzent 79
Art Basel: Die wichtigste Kunstmesse der Welt 80
Kunstmuseum Bern: Die älteste Galerie mit einer dauerhaften Sammlung 80
Kirche St. Martin: Die besterhaltene romanische Bilderdecke der Welt 80
Schweizerisches Nationalmuseum: Die grösste kulturgeschichtliche Sammlung der Alpen 81
Museum der Kulturen: Das grösste ethnologische Museum 81
Dorfmuseum La Truaisch: Die wertvollste Mineraliensammlung 82
Musée Ariana: Die grösste Sammlung von Keramik- und Glaskunst 82
Musée des grenouilles: Das einzige Froschmuseum 82
Wetzikon/Bubikon: Das einzige Hasenmuseum 82
Musée International d´Horlogerie: Das umfangreichste Uhrenmuseum der Welt 82
Kunstmuseum Basel: Die bedeutendste öffentliche Kunstsammlung 83
Neue Zürcher Zeitung: Die älteste noch erscheinende nationale Zeitung 84
Annus Christi: Die älteste deutschsprachige Zeitung 84
100 Jahre Schweizer Grafik: Längste Plakatwand 84
Werbung: Die höchsten Werbeausgaben pro Kopf 84
„Blick": Die erste Schweizer Boulevardzeitung 85
Basilique de Valère: Älteste noch bespielbare Orgel 86
Alphorn: Das längste der Welt mit dem grösstem Becherdurchmesser 86
Gornergrat: Das weltweit grösste Alphornensemble 86
Abtei Saint-Maurice: Das grösste Glockenspiel 86
Sängerin Lys Assia: Die erste Grand-Prix-Siegerin 86
Montreux Jazz Festival: Das grösste in Europa 87
Festival da Jazz: Das längste in Europa 87
Andreas Vollenweider: Einziger Schweizer Grammy-Gewinner 87
Badischer Bahnhof Basel: Das erste Schweizer Zentrum für experimentelle Musik 87
Kongresshaus: Einer der weltbesten Konzertsäle 87
Augusta Raurica: Die besterhaltene römische Stadt nördlich der Alpen 88
Theater Biel Solothurn: Das älteste Stadttheater 88
St. Gallen Theater: Das älteste Berufstheater 88
Teatro Sociale Bellinzona: Das einzige Schweizer Theater aus dem 19. Jahrhundert 88
Hans Reinhart-Ring: Die höchste Theaterehrung 89
Théâtre des Marionnettes de Genève: Das älteste Puppentheater 89
Oper Zürich: Die bedeutendste Oper des Landes 89

Natur
Matterhorn: Das alpine Schweizer Wahrzeichen 92
Viertausender: Die meisten auf Schweizer Gebiet 93
Dom: Der höchste alleinige Schweizer Berg 93
Monte San Giorgio/Saurierberg: Die weltweit bedeutendste Fundstelle für marine Fossilien 93
Dufourspitze: Der höchste Schweizer Berg 94
Piz Bernina: Einziger Viertausender der Ostalpen 94
Wallis: Kanton mit den höchsten Gipfeln und den meisten Gletschern 94
Muggiotal: Das südlichste Tal der Schweiz 94
Temperaturextreme: 41,5 °C und −52,5 °C 95
Aare: Der längste Fluss in der Schweiz 96
Rhein und Rhône: Die längsten Flüsse durch die Schweiz 96
Jura: Der längste befahrbare Wasserweg 97
Alpenland: Das grösste Wasserschloss Europas 97
Seerenbachfall: Höchster frei fallender Wasserfall 97
Rheinfall: Die grösste Wassermenge Europas 97
Mürrenbachfall: Der grösste Wasserfall 97
Lac des Dix: Der grösste Speichersee 99
Klöntalersee: Der älteste grössere Speichersee 99
Lago Maggiore: Der tiefste Punkt 99
Genfersee: Der grösste Schweizer See 99
Hölloch: Die längste Höhle im Alpenraum 100
Siebenhengste-Hohgant: Die tiefste Höhle 100
Saint Léonard: Grösster unterirdischer See 101
Walliser Alpen: Die höchsten Berge und die meisten Gletscher der Alpen 101
Aletschgletscher: Der längste Gletscher Europas 101
Grossätti: Die grösste Weisstanne des Kontinents 102
Linner Linde: Der mächtigste Baum im Aargau 102
Thuner Bettlereiche: Der grösste Stammumfang 102
Lärche in Obergesteln: Ältester Baum der Alpen 103

Titanwurz: Die grösste Blumenart der Welt 103
Edelweiss: Die bekannteste Blume der Alpen 103
Gegenblättriger Steinbrech: Die höchstgelegene
    Blütenpflanze Europas 103
Winterthur: Der grösste Weihnachtsstern der Welt 103
Dunkler Hallimasch: Der grösste Pilz Europas 103
Rothirsch: Die grösste Hirschart 104
Etruskerspitzmaus: Das kleinste Säugetier der Welt 104
Alpensalamander: Die einzige europäische Amphibie,
    die lebende Jungen zur Welt bringt 104
Höckerschwan: Der schwerste flugunfähige Vogel 104
Weissstorch: Vogel mit dem längsten Schnabel 105
Steinadler: Der grösste nationale Raubvogel 105
Wanderfalke: Das schnellste Tier 106
Haubentaucher: Der beste Taucher der Vogelwelt 106
Sommergoldhähnchen: Der kleinste Vogel 106
Buchfink: Der häufigste Brutvogel 106
Rebhuhn: Die meisten Eier pro Brut 107
Sumpfrohrsänger: Der beste Sänger unter den Vögeln
    in der Schweiz 107
Fledermaus: Das Säugetier mit der grössten Population
    in der Schweiz 107

Politik
Jonas Furrer: Der erste Bundespräsident 110
Numa Droz: Der jüngste Bundesrat 110
Karl Schenk: Längste Amtszeit aller Bundesräte 110
Max Petitpierre und Hans Schaffner: Die ältesten
    Bundesräte 110
Louis Perrier: Die kürzeste Amtszeit eines Bundesrats-
    mitglieds 110
Micheline Calmy-Rey: Die erste Aussenministerin 110
Ruth Dreifuss: Die erste Bundespräsidentin 111
Elisabeth Kopp: Erste Frau in der Bundesregierung 111
Bundesstaat: Erste Schweizer Bundesverfassung 112
Liberale: Fraktion der ersten Bundesregierung 112
Abstimmung: Die weltweit meisten Urnengänge 112
Bundeshaus: Die wichtigste politische Stätte 113
Trub: Die „stimmfaulste" Gemeinde 113
Unterbäch: Erste Gemeinde mit Frauenwahlrecht 113

Prominente
Paracelsus: Der berühmteste Arzt 116
Ulrich Zwingli und Johannes Calvin: Die berühmtesten
    Reformatoren 116
Daniel Bernoulli: Der bedeutendste Mathematiker 116
Jean-Jacques Rousseau: Der bedeutendste französisch-
    schweizerische Philosoph 116
Johann Heinrich Pestalozzi: Der einflussreichste
    Schweizer Pädagoge 117
Ferdinand de Saussure: Einer der erfolgreichsten
    Sprachforscher 117
Marie Heim-Vögtlin: Die erste Medizinstudentin der
    Bundesgenossenschaft 117
Henri Dunant: Der erste Friedensnobelpreisträger,
    Gründer des Roten Kreuzes 117
Alfred Werner: Der erste Schweizer Chemienobel-
    preisträger 118
Charles Édouard Guillaume: Der erste Schweizer
    Physiknobelpreisträger 118
Albert Einstein: Der berühmteste Nobelpreisträger 118
Emil Theodor Kocher: Der erste Schweizer Medizin-
    nobelpreisträger 119
Carl Spitteler: Der erste Schweizer Literaturnobelpreis-
    träger 119
Le Corbusier: Der berühmteste nationale Architekt 119
Alberto Giacometti: Der berühmteste Bildhauer 120
Carl Gustav Jung: Der berühmteste Psychologe 120
Jean Piaget: Der grösste Entwicklungspsychologe 120
Grock: Der berühmteste Clown 121
Jacques Piccard: Der bedeutendste Tiefseeforscher 121
Bruno Ganz: Der bedeutendste deutschsprachige
    Theaterschauspieler (Iffland-Ringträger) 122
Mario Botta: Der bekannteste zeitgenössische
    Schweizer Architekt 122
Josef Ackermann: Der berühmteste Bankmanager 122
Emil Steinberger: Der populärste Kabarettist 122
Ursula Andress: Das erste Bond-Girl 123
Maximilian Schell: Der einzige Schweizer Darsteller
    mit einem Oscar 123
Yello: Die erfolgreichste Schweizer Musikgruppe der
    80-er Jahre 123
DJ-BoBo: Der erfolgreichste Schweizer Popstar 123

Reisen
Drei Könige: Das erste Hotel 126
Crowne Plaza Geneva: Die meisten Hotelzimmer 126
Swissôtel Zürich: Das höchste Hotelgebäude 126
Haus Hiltl: Das älteste ununterbrochen geöffnete
    vegetarische Restaurant Europas 126
Prime Tower: Das höchste bewohnbare Gebäude
    127
Schweiz: Das beliebteste Reiseziel der Schweizer
    128
Liliana und Emil Schmid: Die längste Weltreise 128
USA: Beliebtestes Reiseziel ausserhalb Europas 128
Flagge am Felsen: Die grösste Schweizer Fahne
    129
FESPO: Die grösste nationale Reisemesse 129
Frankreich: Das beliebteste Auslandsreiseziel 129

Verzeichnis der Rekorde und Superlative

Sport & Spiel

Martina Hingis: Die erfolgreichste Tennisspielerin 132
Roger Federer: Der erfolgreichste Sportler 132
Heinz Hermann: Fussball-Rekordnationalspieler 132
Simon Amman: Der erfolgreichste Skispringer 132
Alexander Frei: Der beste Torschütze der „Nati" 133
Vreni Schneider: Die erfolgreichste alpine Skirennläuferin 133
Pirmin Zurbriggen: Der erfolgreichste Skirennfahrer der 80er-Jahre 134
Denise Biellmann: Erfolgreichste Eiskunstläuferin 134
Ferdy Kübler: Schweizer Tour-de-France-Sieger 134
Clay Reggazoni: Der erfolgreichste Schweizer Formel-1-Rennfahrer 134
Peter Sauber: Der erfolgreichste Schweizer Akteur in der Formel 1 134
St. Moritz: Erste Olympische Winterspiele in der Schweiz 136
Kunstturnen: Die erfolgreichste Schweizer Sportart bei Olympischen Sommerspielen 136
Georges Miez: Erfolgreichster Olympiateilnehmer 136
Christine Stückelberger: Die erfolgreichste Schweizerin bei Olympischen Sommerspielen 136
Louis Zutter: Der erste Schweizer Olympiasieger 137
Hélène de Pourtàles: Die erste Olympiasiegerin aus der Schweiz 137
IOC: Bedeutendste Olympische Organisation 137
Marc Hodler: Längste Amtszeit als IOC-Mitglied 137
Grand Prix von Bern: Der grösste Volkslauf 138
Fräkmüntegg: Die längste Sommerrodelbahn 138
Leukerbad: Der längste Klettersteig 138
Freddy Nock: Der höchste Hochseillauf 139
Grindelwald/Big Pintenfritz: Längste Schlittlbahn 139
Casino Barrière de Montreux: Älteste Spielbank 139
Klösterliches Kartenspiel: Das älteste in Europa 140
Jass: Das beliebteste Kartenspiel 140
Zauber- & Theaterparadies: Das älteste Fachgeschäft für Magier und Zauberer 140
Granges-Paccot: Die grösste Modelleisenbahn 141
Golek-Holzpuppen: Die weltgrösste Sammlung 141
Fussball: Die beliebteste nationale Sportart 142
Lausanne Football and Cricket Club: Der erste Fussballverein Kontinentaleuropas 142
FC St. Gallen: Der älteste bestehende Fussballklub 142
Grashoppers Zürich: Der erfolgreichste Schweizer Fussballverein 142
Fussballnationalmannschaft: Das erste Länderspiel 143
U-17: Fussballweltmeister 2009 143

Ski Alpin: Die beliebteste Einzelsportart im TV 144
America's Cup: „Alinghi" erste europäische Siegerin beim Segelwettbewerb 145
MS Tûranor PlanetSolar: Die erste Weltumrundung mit einem Solarboot 145
Schwingen: Volkssportart in der Deutschschweiz 145
1954: Erste Fussball-WM in der Schweiz 146
Stade de Suisse: Weltgrösste Stadion-Solaranlage 146
Samnaun: Das grösste zusammenhängende Skigebiet der Ostalpen 146
Allalin-Rennen: Weltweit längste Gletscherabfahrt 147
Zermatt: Die längste Schweizer Skipiste 147
Bobbahn St. Moritz: Die älteste Natureisbahn 148
Weltklasse Zürich: Grösstes Leichtathletik-Meeting 148
Golfclub Limpachtal: Längste Golfbahn Europas 148
Golfclub Sedrun: Die kurioseste Golfbahn 149

Städte & Regionen

Basel-Stadt: Der flächenmässig kleinste, am dichtesten besiedelte Kanton 152
Graubünden: Der grösste Schweizer Kanton 152
Niederhelfenschwil: Der längste Schweizer Ortsname aus einem Wort 153
Werdenberg: Die kleinste Gemeinde 153
Juf: Die höchste das ganze Jahr über bewohnte Siedlung in Europa 153
Zürich: Die grösste Schweizer Stadt 154
St. Gallen: Die höchstgelegene grössere Stadt 154
Chur: Die älteste Schweizer Stadt 154
Kreuzlingen: Grösste Schweizer Bodensee-Stadt 155
Biel/Bienne: Die grösste zweisprachige Stadt 155
Lugano: Die grösste italienischsprachige Stadt 155

Verkehr

Vitznau-Rigi-Zahnradbahn: Die erste Bergbahn Europas 158
Wengernalpbahn: Die weltweit längste durchgehende Zahnradbahn 158
Jungfraubahn: Die höchstgelegene Zahnradbahn 158
Pilatusbahn: Die steilste Zahnradbahn der Welt 158
Gelmerbahn: Die steilste Standseilbahn Europas 158
Neuveville St. Pierre: Die ökologischste Seilbahn 159
Klein Matterhorn: Höchste Seilbahnstation 159
Bettmeralpbahn: Bahn mit Kehrichttransport 160
Funitel von Verbier: Leistungsstärkste Gondelbahn 160
Berninalinie: Die höchste Adhäsionsbahn 160
Spanisch-Brötli-Bahn: Die erste ganz auf Schweizer Boden befindliche Bahnstrecke 160
Schweizerische Bundesbahnen: Die älteste eidgenössische Bahngesellschaft 161

Zürich: Der grösste nationale Hauptbahnhof 161
Biel/Bienne: Die geplante längste Tramlinie 161
Luzern-Süd/Ennethorw: Erste nationale Autobahn 162
Autobahn: Eines der dichtesten Autobahnnetze 162
Genf: Der grösste Automobilsalon 162
Mercedes-Benz SLR McLaren: Das teuerste Auto 162
Griesalp: Die steilste Postautostrecke in Europa 163
Zürich: Der grösste nationale Flughafen 163
St. Gallen: Der älteste nationale Flughafen 163
Eduard Spelterini: Erste Ballon-Alpenüberquerung 163
„Stadt Zürich": Das älteste Schweizer Schiff 164
„Pieter Schelte": Geplantes grösstes Arbeitsschiff 164
Zürich-Akad: Das älteste Vollscheibenrad 164
Bertrand Piccard und Brian Jones: Die erste Weltumrundung in einem Ballon 165

Wirtschaft
Obwalden: Die wenigsten Arbeitslosen 168
Verwaltung und Soziales: Das beliebteste Bildungsfeld junger Schweizer Frauen 168
Ingenieurswesen und Technik: Das beliebteste Bildungsfeld junger Schweizer Männer 168
Dienstleistungen: Der grösste Wirtschaftssektor 168
Glarus: Kanton mit dem ersten Fabrikgesetz 168
Universitätsspital Zürich: Grösste öffentliche Klinik 169
Credit Suisse: Die älteste nationale Bank 170
UBS: Die grösste Schweizer Bank 170
Zurich Insurance Group: Grösste Versicherung 170
Helsana-Gruppe: Grösste Krankenversicherung 170
Schweiz: Das reichste Land der Welt 172
Zürich: Die teuerste Stadt der Welt 172
Küsnacht: Die teuerste Gemeinde 172
Ingvar Kamprad: Der reichste Mann 173
„Le Million": Das teuerste Handy der Welt 173
„Champion"-Brief: Der teuerste Brief 173
„Giant Knife": Das weltgrösste Taschenmesser 173
Schweizer Uhren: Uhren mit dem höchsten Wert 174
Neuchâtel: Die grösste Uhrenstandort 174
Longines: Die international älteste Uhrenmarke 174
Swatch: Der weltgrösste Uhrenkonzern 175
Taucheruhr von Swatch: Die wasserdichteste Uhr 175
Rolex: Die grösste Uhrenmarke der Welt 175
Rüetschi AG: Die älteste Glockengiesserei 176
Glencore: Der weltgrösste Rohstoffhändler 176
Nestlé: Der grösste Lebensmittelkonzern der Welt 177
Landgut Hofwil: Die erste nationale Käsefabrik 178
Neuhausen: Die erste Aluminiumfabrik Europas 178
AVIA: Grösste unabhängige Mineralölmarke 179
ITU: Erste internationale Organisation mit Sitz in der Schweiz 179

REGISTER

A

Aarau 31, 57
Aare 96
Absinth 42
Abstimmen 112
Ackermann, Josef 122, 170
Adhäsionsbahn 160
AFG Arena 142
Albanifest 14
Albula- und Berninabahn 79
Alespach, Elisabeth 48
Aletschgletscher 101
Alinghi 144, 145
Allalin-Rennen 147
Allseas Group 164
Alpaufzug 10
Alpensalamander 104
Alphorn 86
Alphornblasen 15
Alpsee 91
Alte Eidgenossenschaft 61
Alte Kantonsschule Aarau 31
Alte Tanten 14
Altglas 66
Altreu 105
Alusuisse 178
Ambassador 41
Amerbach, Basilius 83
America's Cup 144, 145
Ammann, Simon 132
Andress, Ursula 123
Anglo-American Club Zürich 142
Angst, Walter 141
Anliker, Ueli 162
Annus Christi 84
Appenzell Ausserrhoden 73
Appenzell Innerrhoden 113, 42, 70
Appenzeller 36
Appenzeller Alpenbitter 42
Appenzeller Sennentracht, 10
Arbeitslose 168
Arbeitsschiff 164
Arbeitstag 169
Arbeitszeit 169
Arber, Werner 49
Archetypen 120
Armbanduhr 83
Armeemesser 173

Art Basel 80
Artisana 170
Assia, Lys 86
Atlantis 46
Audemar, Georges 51
Auer, Hans Wilhelm 113
Augst 88
Augusta Raurica 88
Augustfeuer 15
Ausreisewelle 58
Auswanderer 128
Autobahn 162
AVIA 179

B

Baar 177
Babynamen 68
Backseckl 10
Baden 160
Badenfahrt 14
Badischer Bahnhof Basel 87
Bahnfahren 66
Bahnhofstrasse Zürich 172
Ballon 164
Banca del Gottardo Lugano 122
Bankautomat 170
Barrakuda 121
Bärzeli 12
Basel 172, 81, 96
Basel Hafen 167
Basler Fasnacht 14
Basler Hafen 167
Basler Herbstmesse 9
Basler Konzil 32
Basel-Land (Kanton) 152
Basel-Stadt (Kanton) 152
Baselworld 175
Basilique de Valère 86
Bauhin, Caspar 48
Bauhin-Klappe 48
Baumann, Peter René (DJ BoBo) 123
Beadle, Clayton 51
Belalp Hexe 147
Beltis 97
Berchtold V. (Herzog) 22
Berchtold, Joseph Anton 93
Bergell 153
Bergkristall 82

Bern 172, 50, 61
Berner Platte 38
Berninabahn 160
Berninapass 20, 160
Bernoulli, Daniel 116
Bernoulli-Prinzip 116
Bertarelli, Ernesto 145
Berufswahl 168
Besançon 164
Bettingen 152
Bettmeralp 160
Bevan, Edward 51
Beznau 53
Bezons 51
Bibracte 61
Biel/Bienne 155, 161, 175
Bielersee 39
Biellmann, Denise 134
Big Pintenfritz 139
Bildungsfeld 168
Bioprodukte 66
Bircher-Benner, Maximilian Oskar 39
Birchermüesli 39
Bisisthal 95
Bivio 153
Blank, Boris 123
Blatter, Joseph „Sepp" 142
Blériot, Louis 52
Blick 85
Bloch, Felix 32
Bloesch, Max 105
Blumer, Samuel 51
Bobbahn 148
Bodio 21
Bonatz, Paul 83
Bonifacius 83
Botanischer Garten Basel 103
Botta, Mario 122
Bözingenfeld 161
Brandenberger, Jacques Edwin 51
Brauerei Schützengarten 42
Breguet, Abraham-Louis 174
Brienz 22, 161
Brillenbär 11
Broc 41
Broxodent 51
Bruder Fritschi 15
Brunner, Kaspar 50

Brusio 20
Bubikon 82
Buchfink 106
Bundesamt für Statistik 168
Bundesbrief 57
Bundesfeier 14
Bundesflagge 14
Bundesgericht 113
Bundeshaus 109, 113
Bundespräsident 110, 111, 112
Bundesrat 110, 111
Bundesverfassung 112
Bunker 72
Bureau International des Poids et Mesures 118
Burg Belfort 22
Burg Innerjuvalt 22
Burg Ringgenberg 22
Burg Tschanüff 23
Burgdorf 49
Bürgenstock 26

C

Caesar, Gaius Julius 61
Cailler, François-Louis 39
Calmy-Rey, Micheline 110
Calvin, Johannes 116
Caquelon 36
Carillon 86
Casino Barrière de Montreux 139
Castello di Mesocco 22
Cathédrale Notre-Dame 24
Cellophan 51
Centre International d'Épistémologie 121
CERN 45, 46
Cézanne, Paul 80
Cham 177
Champion-Brief 173
Charnley, Sir John 49
Chasselas-Rebe 43
Château de Prangins 81
Chavalon 53
Chemienobelpreis 118
Chemin de fer du Kaeserberg (Museum) 141
Chiesa dei San Giovanni Battista Mogno 122

Chlauschlöpfen 12
Christ, R. 83
Chur 69, 95, 154
Chutzenturm 25
Clais, Johann Sebastian von 52
Clausjagen 12
Cohn, Arthur 78
Collombey 53
Comptoir von Morges 36
Coninx, Hans Heinrich 173
Connery, Sean 123
Corsier-sur-Vevey 39
Costa Rica 129
Couvet 42
Credit Suisse 170
Cross, Charles 51
Crowne Plaza Geneva 126
Curchod, Louis 179

D
Daily Telegraph 80
Das Abendmahl (Fresko) 25
Daubenhorn 139
Da Vinci, Leonardo 25
Davis, Miles 87
Davos 26, 147
Deep Purple 140
Defensionale von Will 63
Dent Blanche 93
Deutsch 70
Deutsche Bank 122
Die Holle 42
Die Kreuzigung (Fresko) 24
Die Muttergottes mit Kind
   (Fresko) 25
Die Schweizermacher 79, 122
Dienstleistungen 168
Dietrich, Marlene 123
Disetronic Holding AG 49
DJ BoBo 123
Dom 93, 103
Domodossola 37
Doppelhelix 49
Dornach 63
Dornbühl 61
Dornier, Claude 163
Döttingen 52
Dracula Club 87
Dreifuss, Ruth 111
Dreiseilbrücke 21

Dreizehn Alte Orte 61
Droz, Numa 110
Druey, Daniel Henri 112
Dübendorf 170
Dubied, Daniel-Henri 42
Dubs, Jakob 70
Ducommun, Elie 59
Düdingen 10
Dufaux, Armand und Henri 52
Dufour, Guillaume-Henri 70,
   94
Dufourspitze 93, 94
Dunant, Henri 117, 118
Dunkler Hallimasch 103

E
Edelweiss 103
Edison, Thomas Alva 51
Egelshofen 155
Eidgenössische Technische
   Hochschule 32, 118
Einsiedeln 116
Einstein, Albert 32, 118
Eishockey 146
Elektrische Zahnbürste 50
Elektrisches Heizkissen 51
Elisabeth II. 126
Ellis Island 58
Emmental 113
Emmentaler 36
Emmishofen 155
Engadin Skimarathon 144
Ennethorw 162
Epalinges 173
Erismann, Friedrich 33
Erkenntnistheorie 120
Erster Kappelerkrieg 62
Erstfeld 21
Estavayer-le Lac 82
Etruskerspitzmaus 104
Etterlin, Petermann 56
Euler, Leonhard 116

F
Failloubaz, Ernest 58
Faulhorn 139
FC St. Gallen 142
FC Zürich 148
Federer, Roger 132, 144
Feldschlösschen 42

Fellenberg, Philipp Emanuel von
   178
Fémina 41
Fermilabs 46
Ferngespräche 66
Fernsehwerbung 85
FESPO 129
Festival da Jazz 87
Festival International du Jazz
   87
Festival Visions du Réel 78
Fick, Adolph Eugen 50
FIFA 142
Filli, Rudolf 30
Filmfestival 78
FIS 137
Fischer, Joan und Martin 67
Fischer, Rudolf 134
Fittipaldi, Emerson 134
Flamingo 11
Fledermaus 107
Flughafen St. Gallen-Altenrhein
   163
Flughafen Zürich 163
Ford, John 78
Formel 1 144
Forum Schweizer Geschichte
   Schwyz 81
Fossilienmuseum 94
Fräkmüntegg 138
Franklin, Aretha 87
Frankreich 129
Franscini, Stefano 112
Frauenwahlrecht 113
Frei, Alexander 133
Freiburg 61
Freiheitsstatue (New York) 128
Freud, Sigmund 120
Frey-Herosé, Friedrich 112
Frieden zu Basel 63
Friedensnobelpreis 118
Friedrich, Rudolf 110
Frienisberg 25
Frigor 41
Frisch, Max 77
Funitel von Verbier 160
Furrer, Jonas 110, 112
Fürstabtei St. Gallen 13, 30
Fussball 142
Fussballfans 65

Fussballnationalmannschaft
   („Nati") 143
Fussballwerbung 84

G
Gamay 43
Ganz, Bruno 122
Gare du Nord – Bahnhof für
   Neue Musik 87
Gegenblättriger Steinbrech 103
Gelmerbahn 158, 159
Gelmersee 158
Geneyne, Joseph 25
Genf 82, 121, 155, 162, 172
Genfer Konvention 118
Genfersee 23, 52, 99, 177
Gessler, Hermann 56
Gessner, Salomon 84
Gewerblich Industrielle
   Berufsschule Bern 30
Giacometti, Alberto 120
Giant Knife 173
Glarner Schabziger 37
Glarus 168
Glattalp 95
Glencore 176, 177
Global Wealth Report 172
Glocken 176
Glocken- und Kunstgiesserei
   H. Rüetschi 176
Glockenspiel 176
Gnagi 38
Gobat, Charles Albert 59
Godefroy de Blonay, Baron
   137
Goldener Leopard 78
Goldvish 173
Golf 148
Golf Limpachtal 149
Golfclub Sedrun 149
Gommer Käse 36
Gondelbahn 160
Gornergrat 86
Gotthard-Basistunnel 21
Grammofon 52
Grand Chalet 25
Grand Prix von Bern 138
Grande Dixence 98, 99
Grandhotel Suisse 125
Granges-Paccot 141

REGISTER

Grashoppers Zürich 142, 148
Graubünden 68, 152
Gremion, Pierre 68
Gressly, Amanz 48
Gresslyosaurus 48
Greyerzer 36, 37
Griesalp 163
Grindelwald 139, 158
Grock 121
Grono 95
Grossätti 102
Grosses Moos 73
Gschwellti 36
Guillaume, Charles Édouard 118
Gündismäntig 15
Gurten 146

H

Habsburg 61
Hadeln, Moritz de 78
Haldimann, Petra 30
Hallwil 12
Hammetschwandlift 26
Hancock, Herbie 87
Handel 168
Handweben 169
Handwerk 168
Handy 173
Hans Reinhart-Ring 89
Harlekin 14
Harradine, Peter 149
Hasenmuseum 82
Haslital 96, 158
Haubentaucher 106
Haus Bethlehem 27
Heidi 77
Heim, Arnold 164
Heim-Vögtlin, Marie 117
Heitenried 10
Helikopter 52
Helsana-Gruppe 170, 171
Helvetia (Versicherung) 170
Helvetische Republik 57
Henchoz, Jean-David 25
Henriod, Henriette 42
Hermann, Heinz 132
Heslibach 173
Hesse, Hermann 155
Higgs-Boson 46

Hiltl (Restaurant) 126, 127
Hiltl, Ambrosius 127
Hingis, Martina 132
Höckerschwan 104
Hodler, Marc 137
Hofbrücke 21
Hofwil 178
Holbein, Hans der Jüngere 83
Hollen Single Malt 42
Hölloch 100
Holstebro 120
Holzpuppen 141
Hotel Cornavin 50
Hotel Drei Könige 126
Hubble-Weltraumteleskop 46
Huber-Werdmüller, Peter Emil 178
Hüftprothese 49
Hugo, Victor 25
Hutzucker 41

I

Iffland, August Wilhelm 122
Iffland-Ring 122
Ikea 173
Ileozökalklappe 48
Industrie 168
Inferno in Mürren 147
Innertkirchen 96
Ins 161
Insulinpumpe 49
Interlaken 100
International Peace Bureau 59
Internationale Fernmeldeunion (ITU) 179
Internationaler Währungsfonds 172
Internationales Komitee vom Roten Kreuz 117
Internationales Olympisches Komitee 137
Internationales Ständiges Friedensbüro 59
Ischl 146
Ital-Reding-Hofstatt 27

J

Jakob von Cessoles 140
Jarmusch, Jim 78
Jass (Jassen) 140

Jet d'Eau 99
Johannes von Rheinfelden 140
Johanniterbrücke (Basel) 19
Jones, Brian 165
Juf 153
Julier 153
Jung, Carl Gustav 120
Jungfraubahn 158
Jungfraujoch 68, 158

K

Kaffeesahnedeckelsammler 72
Kaiseraugst 88
Kamprad, Ingvar 173
Kantonsschule am Burggraben (St. Gallen) 30
Kapellbrücke 20
Kappeler Milchsuppe 62
Kappler, Martin 72
Karl der Kühne 62, 62
Käsefondue 36
Katamaran 164
Katar 172
Kempin-Spyri, Emily 33
Kernkraftwerk 53
Kessler, Beatrice 79
Kientcl 163
Kirchweih 10
Klein Matterhorn 159
Kleine Scheidegg 158
Kleiner Hafner 24
Kleiner Panda 11
Klettersteig 138
Klöntalersee 98, 99
Klossowski von Rola, Balthasar 25
Kloster Muri 12
Kloster Säckingen 37
Klosterschule St. Gallen 30
Knoblauchpresse 41
Kocher, Emil Theodor 119
Kohlendreieickbrücke 20
Kohler, Charles-Amédée 41
Königspinguin 11
Kontaktlinse 50
Kopp, Elisabeth 111
Kraftwerk 53
Kraftwerk Handeck 159
Krankenversicherung 170
Kränzlitracht 10

Kreisviadukt 20
Kreuzigung Christi (Fresko) 25
Kreuzlingen 155
Kriens 86
Krippenspiel 13
Kruesi, John Heinrich 51
Krynski, Marek 16
Kübler, Ferdy 134
Kubrick, Stanley 78
Kuckuck 107
Kuhn, Richard 32
Kunstmuseum Basel 83
Kunstmuseum Bern 80
Kunstseide 51
Kunstturnen 136
Kurzrickenbach 155
Küsnacht 172, 173

L

L'Etivaz 37
La Brévine 95
La Chaux-de-Fonds 82, 174
La Truaisch 82
Lac de Dix 98, 99
Lac Léman 99
Lago Bianco 160
Lago Maggiore 98, 99
Landesmuseum Zürich 81
Landwirtschaft 168
Laptop 32, 168
Large Hadron Collider 46
Lasermaus 52
Laubfrosch 82
Laufenburg 15
Laufen-Uhwiesen 97
Lausanne 24, 77, 162
Lausanne Football and Cricket Club 142
Lauterbrunnen 158
Lauterbrunnental 97
Lauwil 42
Le Corbusier 119
Le Locle 174
Le Salon International de l'Auto 126, 162
Lecoultre, Gustave 58
Led Zeppelin 139
Leichtathletik-Europameisterschaften 148
Lenggenwil 153

Lenzspitze 93
Letzigrabenbrücke 20
Leukerbad 138, 139
Liebig-Würfel 38
Liebstöckel 38
Lindauerli 10
Linner Linde 102
Liskamm 93
Literaturnobelpreis 119
Locarno 78
Logitech 52
Longines 174, 175
Lori, Fida 30
Low Energy Antiproton Ring 45
Löwe 11
Luftseilbahn Betten 160
Luganersee 69
Lugano 24, 86, 155
Luini, Bernardino 25
Lüönd, Walo 79
Luxemburg 172
Luzern 20, 37
Luzerner Fasnacht 15
Luzern-Süd 162
Lyss 41

M
Macke, August 80
Magden 43
Maggi-Würfel 38
Mähren, Max 39
Maikäfer 73
Maloja 153
Mann, Thomas 126
Marc, Franz 80
Marianengraben 121
Markthalle Basel 75
Marroni 39
Marseille 119
Matisse, Henri 80
Matterhorn 91
Mayor, Michel 48
Medizinnobelpreis 119
Meier, Dieter 123
Melitta 123
Mendriso 51
Merian, Amadeus 126
Meride 94
Meringen 96
Messer Meister 173

Messeturm Basel 127
Michel, Willy und Peter 49
Miez, Georges 136, 137
Milarit 82
Misox 22, 68
Möckli 37
Modelleisenbahn 141
Monstein 26
Monstercorso 15
Montagnola 155
Monte San Giorgio 93
Montreux 23
Montreux Jazz Festival 87
Moraglia, Giacomo 88
Morgarten 61
Morgestraich 14
Moskau 172
Motta, Suzanne-Marguerite 42
Moynier, Gustave 70
Moynier, Marcelle 89
MS Türanor PlanetSolar 145
Müesli 39
Muggiotal 94
Mülenen 27
Müller, Maurice Edmond 49
Münster Basel 152
Münster Zürich 154
Munzinger, Martin J. 112
Muotathal 100
Mürrenbachfall 97
Musée Adriana 82
Musée des grenouilles 82
Musée International
    d'Horlogerie 83
Museum der Kulturen 81
Museum für Gestaltung Zürich
    84
Museum of Modern Art
    San Francisco 122
Museum Strauhof 77
MySwissChocolate.ch 41

N
Nachtarbeit 169
Nacktwandern 73
Naeff, Ferdinand Adolf 158
Naeff, Wilhelm Matthias 112
Näfelser Fahrt 62
Nancy 62
Napoleon Bonaparte 61, 126

Narrenzunft Honululu 13
Nathans, Daniel 49
Nationalbibliothek 76
Natureisbahn 148
Naville, Gustave 178
Neher, Georg Robert 178
Nestlé 41, 177
Nestlé, Henri 177
Neuchâtel 174
Neue Zürcher Zeitung 84
Neuenburg 97
Neuhausen 97, 178
Neuveville St. Pierre 159
Nicollier, Claude 46
Niederhelfenschwil 153
Niederschönthal 48
Niesenbahn 27
Niesentreppe 27
Nock, Freddy 139
Norwegen 172
Notre-Dame-du-Haut
    (Ronchamp) 119
Nufer, Jacob 48
Nyon 16, 78

O
Obergesteln 103
Obwalden 168
Ochs, Peter 57
Ochsenbein, Ulrich 110, 112
Ofenpass 103
Olympia Bob Run 148
Olympiastadion Athen 137
Olympische Spiele 136
Onlinewerbung 85
OpenAir St. Gallen 15
Operation 171
Opernhaus Zürich 89
Oppenheim, Meret 80
Ordinaire, Pierre 42
Orgel 86
Osterspiel 12
Otmar von St. Gallen (Abt) 30

P/Q
Päläontologisches Museum
    Zürich 93
Paléo Festival 16
Palpuognasee 153
Par 149

Paracelsus 116
Passy, Frédéric 118
Pernod, Henri Louis 42
Perrier, Louis 110
Persenn Derby 147
Pestalozzi, Johann Heinrich
    117
Petipierre, Max 110
Petri, Johannes 76
Phoenix Basel 87
Phonograph 51
Photoelektrischer Effekt 118
Piaget, Jean 120
Picasso, Pablo 80, 126
Piccard, Auguste 121
Piccard, Bertrand 165
Piccard, Jacques 121
Pilatusbahn 158, 159
Pink Floyd 139
Pittard, Jean-Jacques 101
Pius II. (Papst) 32
Piz Bernina 94
Plakate 84
Plancus, Lucius Munatius 88
Plasselbschlund 102
Plattensee 99
Postauto 163
Pourtalès, Hélène de 137
Preda 79
Prime Tower 127
Prix de Soleure 78
PRIX DU PUBLIC 78
Puschlav 68
Puter 68
Putten 149
Queloz, Didier 48

R
Räbenlichterumzug 10
Raclette 36
Rad, Jakob Christoph 41
Radbot (Graf) 23
Radsport 144
Ramada Plaza Hotel &
    Conference Center 127
Ramuz, Charles-Ferdinand 77
Rätoromanen 68
Rätoromanisch 68
Rayon 51
Rebhuhn 107

REGISTER

Rechtschreibung 76
Regazzoni, Clay 134, 135
Rein, Rosa 68
Reinhart, Hans 89
Reissverschluss 51
Reuss 20
Rhätische Bernina-Bahn 20
Rhein 96
Rheinfall 97
Rheinfelden 42, 140
Rheinfelder Forst 26
Rhône 96
Riburg 26
Richterswil 10
Riehen 152
Riggenbach, Niklaus 158
Ringier-Verlag 85
Rio Tinto Alcan 178
Rippli 38
Riri 51
Rist, Pipilotti 33
Rocca 22
Rolex 175
Romandie 36, 77
Roniger, Theophil 43
Röntgen, Wilhelm Konrad 32
Rorschach 84
Rossini, Gioachino 56
Rossinière 25
Rösti 38
Röstigraben 38
Roter Teppich 115
Röthenbach bei
 Herzogenbuchsee 153
Rothenbrunnen 22
Rothirsch 104
Rotwein 35
Rousseau, Jean-Jacques
Rückversicherung 170
Rudolf I. von Habsburg (König)
 56
Rumantsch Grischun 68
Ruri-Riffelberg (Bahn) 147
Rütimeyer, Karl Ludwig 48
Rütlischwur 56

S

S. Carpoforo 22
Saas-Fee 147
Sachs, Gunter 87
Saint Léonard 100, 101
Saint Ursanne 57
Saint-Imier 175
Saint-Maurice 86
Salatschleuder 41
Saldome 2 26
Samedan 95
Samnaun 146
San Bernadino 153
San Francisco 122
Sanatorium „Lebendige Kraft"
 39
Santa Maria degli Angioli 24
Santamaria Val Müstair 30
Säntis 71
Satigny 43
Sauber C12 135
Sauber, Peter 134, 135
Saurierberg 93
Saussure, Ferdinand de 117
Saxofon 87
Sbrinz 37
Schabzigerklee 37
Schaffner, Hans 110
Schawinski, Roger 79
Schell, Maximilian 123
Schenk, Karl 110
Schiller, Friedrich 56, 122
Schillerstein 57
Schlacht von Neuenegg 38
Schlittlbahn 139
Schlittschuhe 134
Schloss Brandis 23
Schloss Burgdorf 22
Schloss Dorneck 63
Schloss Habsburg 23, 102
Schloss Werdenberg 153
Schlöth, Ferdinand 56
Schmid, Liliana und Emil 128
Schmotzige Donnschtig 15
Schneeleopard 11
Schneider, Vreni 133
Schokoladeessen 68
Schokoladenmosaik 41
Schrag, David 68
Schüfeli 38
Schuler, Fridolin 59
Schusswunden 119
Schwabe Verlag 76
Schwabe, Benno 76

Schwäbischer Bund 63
Schwanden 51
Schweinsnasenfledermaus 104
Schweizer Armee 63
Schweizer Bundesbahnen 157
Schweizer Flagge 129
Schweizer-Franken-Noten 172
Schweizerische
 Bankgesellschaft 170
Schweizerische
 Bundesbahnen 161
Schweizerische Gesellschaft für
 Theaterkultur 89
Schweizerische Kreditanstalt
 170
Schweizerische Metallurgische
 Gesellschaft 178
Schweizerische Nordbahn 160
Schweizerischer Bankverein
 170
Schweizerischer
 Fussballverband 142
Schweizerisches Olympisches
 Comité 137
Schweizerisches Rotes Kreuz
 70
Schwingen 145
Schwyz 27
Sedrun 82
Seedorf 26
Seerenbachfälle 97
Sellon, Jean-Jacques de 58
Sempach 56
Senebier, Jean 48
Senn, Martin 170
Sensler Tracht 10
Septimer 153
Setsuko, Gräfin 25
Seven Second Summits 94
Sèvres 118
Sheffield 142
Shoppingmeile 146
Siebenhengste-Hohgant-Höhle
 100
Siegershausen 48
Siffert, Joseph „Jo" 134
Sikorski, Igor 52
Silvaplana 139
Silvästertrösche 12
Sitten (Sion) 86, 163

Sittertobel 16
Ski Alpin 144
Smith, Hamilton O. 49
Snowboard-Weltmeisterschaft
 130
Société des Amis de la Paix de
 Genève 59
Solferino 118
Solothurn 13, 61, 88, 97
Solothurner Filmtage 78
Sommergoldhähnchen 106
Sommerrodelbahn 138
Sonntagsarbeit 169
Sozialgesetzgebung 168
Spanisch-Brötli-Bahn 160, 161
Spelterini, Eduard 164
Sphinx-Observatorium 66
Spielkarten 140
Spitteler, Carl 119
Splügen 153
Spreuerbrücke 21
Spyri, Johanna 33, 36, 77
St. Alban 14
St. Antönien 72
St. Gallen 13, 15, 42, 154
St. Gallen Theater 88
St. Martin 80
St. Maria 42
St. Moritz 87, 148, 160
Stächpaumig 12
Stade de Suisse 146
Stadt- und Landesbibliothek
 Dortmund 122
Stand 56
Staubbachfall 97
Steigelfadbalm-Dossen 129
Steinadler 105
Steinberger, Emil 79, 122
Stift Cruzelin 155
Stiftsbibliothek St. Gallen 76
Stiftskirche St. Gallen 13
Stocker, Josef 86
Street Parade 16
Stückelberger, Christine 136
Sulzer, Hans Jakob 52
Sumpfrohrsänger 107
Sundbäck, Gideon 51
Surmiran 68
Sursilvan 68
Suslowa, Nadeshda 33

Suter, Martin 77
Sutsilvan 68
Swatch 174, 175
Swissôtel 126

T
Tafers 10
Talkäserei 178
Tamoil 53
Tauchhelm 121
Tavaro 51
Teatro Sociale Bellinzona 88
Teilchenbeschleuniger 45
Tell, Wilhelm 55, 56
Tennis 144
Tertiärer Sektor 168
Teschhorn 93
Tessandra (Handweberei) 30
The Smallest Whisky Bar on Earth 42
Theater Biel Solothurn 88
Théâtre des Marionettes de Genève 89
Thuner Bettlereiche 102
Thurgau 155
Thusis 79
Tirano 20, 79, 160
Tobler, Johann Ulrich 42
Tokio 172
Tonhalle 87
Tonhalle-Orchester 87
Toussaint Héroult, Paul Louis 178
Tram (Biel/Bienne) 161
Tretroller 72
Triftbrücke 21
Triftgletscher 21
Trottinett-Abfahrt 72
Trub 113
Trun 22
Tschamutt 149
Turner, Tina 173
Twann 39

U
U-17-Nationalmannschaft 143
UBS 170
Uhren 174
Uhrpendel 50

Ulrich, Alois 100
Universität Basel 32
Universität Freiburg 32
Universität Genf 29
Universität Zürich 32, 33
Universitätsspital Zürich 169
Unter-Albis 72
Unterbäch 113
Urknall 15
USA 128

V
Vacherin 36
Val d'Hérens 99
Val de Travers 42
Valdor 36
Vallader 68
Verein zur Förderung des Ansehens der Blut- und Leberwürste 72
Vevey 177
Viersäftelehre 116
Vierwaldstättersee 158
Villmergen 63
Vin Union-Ceneve 43
Visperterminen 43
Vitznau 129
Vitznau-Rigi-Zahnradbahn 158
Vogel, Peter 104
Volkslauf 138
Vollbeschäftigung 168
Vollenweider, Andreas 87
Vollscheibenrad 164

W
Waggis-Larven 14
Walensee 97
Walhalla 56
Wanderfalke 106
Wankdorfstadion 146
Wäsche trocknen 73
Wasserburg Chillon 23
Wasserschloss Europas 97
Wayang Golek 141
Weben 30
Weihnachtschrömli 12
Weihnachtsstern 103
Weisshorn 93
Weissstorch 105
Weisstanne 102

Weltklasse Zürich (Leichtathletik) 148
Wenders, Wim 122
Wengen 158
Wenger 173
Wengernalpbahn 158
Werbung 84
Werdenberg 153
Werner, Alfred 32, 118
Wettach, Adrian (Grock) 121
Wetzikon 82
Whisky 42
Wienachts-Chindli 12
Winkelried, Arnold 56
Winterhalter, Martin Othmar 51
Winterthur 14, 103
Winterthur Neuwiesen 52
Woog, Philippe-Guy 50
Wülpelsberg 23
Wundversorgung 119
Wurzelbunker 127
Wutherich, Peter 86
Wüthrich, Kurt 32
Wüthrich, Mathias 43

X/Y
Xstrata 176
Yello 123
Young Boys Bern 146

Z
Zauber & Theaterparadies Zürich 141
Zeitungsproduktion 85
Zermatt 99, 147, 159
Ziegler, Johann Heinrich 52
Ziger 37
Zigerbrüt 37
Zigerfondue 37
Zigerhörnli 37
Zihl 39
Zillis 80
Zöliakie 39
Zoo Zürich 11
Zschokke, Olivier 158
Zuckenriet 153
Zug (Kanton) 176
Zum Tiger 52
Zunft zu Safran 15

Zurbriggen, Pirmin 134
Zürcher Geschnetzeltes 38
Züri Fäscht 16
Zürich 16, 32, 38, 77, 87, 89, 94, 151, 154, 155, 160
Zürich Hauptbahnhof 20
Zürich 4 und 6 (Briefmarken) 59
Zurich Insurance Group 122, 170, 171
Zürichberg 39
Zürichsee 10, 16, 24, 172
Zutter, Louis 137
20 Minuten 85
Zweiter Kappler Landfrieden 63
Zwiebelhacker 41
Zwingli, Ulrich 116
Zyliss 41
Zysset, Karl 41
Zytglogge 50

Bildnachweis

Getty Images, München: Titel Mitte (Roger Federer)

PantherMedia, München: Titel, 8/9, 10 u., 11 o., 11 M., 12/13 o., 13, 14 u., 15 u., 17, 18/19, 20 u., 21 u., 22 o.l., 23 o.l., 23 u.l., 26 u.l., 26/27 u., 27 o.r., 28/29, 30 o., 30 M., 30 u.l., 30 u.r., 31 u.r., 32 o.r., 32 u., 33 o., 33 u., 34/35, 36 o.l., 36 o.r., 37 o., 38 o., 38 u., 39 o., 39 M., 39 u., 40, 41 o., 41 M., 41 u., 42 u.r., 43 o., 43 u.l., 47, 48 M.r., 49, 50 o., 50 u.l. 50 u.r., 51 l., 51 r., 52 o., 52 M., 52 u., 53 o., 53 u., 54/55, 57 o., 57 M., 58 o., 58 u.l., 64/65, 66 o., 66 u.l., 66 u.r., 67 o., 67 u., 68 o., 68 M., 68 u., 69 o., 69 u., 70, 71, 72 o.r., 72 M., 73 o.l., 73 o.r., 73 u., 74/75, 76 u.r., 77 o.r., 78 u.l., 79 o., 79 M., 79 u., 82 o.l., 82 o.r., 82 M., 83 o.l., 83 o.r., 83 u., 84, 84/85 M.u., 85 o.l., 85 o.r., 85 M., 85 u., 86 M., 86 u., 87 o., 88 M., 88 u., 89 o., 90/91, 92, 94 o., 94 u., 95 o., 95 u., 96 o., 97 o., 97 u.r., 98 o.l., 98 o.r., 99 o., 99 u., 100/101 u., 102 o.l., 102 u., 103 u.r., 104 o., 105 o.l., 105 o.r., 105 M., 105 u.l., 105 u.r., 106 o., 106 M., 106 u., 107 o.l., 107 u.l, 107 u.r., 108/109, 112 u.r., 113 o., 114/115, 118 o.M., 120 o., 121 o., 121 M., 124/125, 128 o., 128 M., 128 u.r., 129 o., 129 u., 130/131, 134 u.l., 136 o., 136 u., 137 o., 139 o., 139 M., 139 u., 140 o., 140 u.r., 141 o., 141 M., 141 u.l., 142 u.l., 142 u.r., 143 o.r., 144 M.l., 144 M.r., 144 u., 146 o.r., 146 u.r., 147 u., 148/149 u., 149 o., 150/151, 152, 154 u.l., 154 u.r., 155 u., 156/157, 158 o.r., 161 o.r., 161 u., 162 u., 163 u., 165, 166/167, 168 o., 168 M., 168 u.l., 168 u.r., 169 o., 170 u.r., 171 o.r., 172 o., 172 u., 174 o.l., 174 u.l., 176, 178 o.r., 179 o.l.

Wikipedia/Wikimedia: Micha L. Rieser 10 o., 10 M., Adrian Michael 11 u.l., 22 o.r., 23 o.r., 60, 87 M., 87 u., 89 u., 117 o.l., 127 o., 169 M., Manfred Morgner 11 u.r., Flyout 12 u., Peter Alder 14 o., Wici 15 o., 110 o.r., Turos 16 o., Ch-info.ch 16 u., Plattens 20 o., Cooper.ch 21 o., Eva_Matiasch 22 u.l., Hofec 22 u.r., Roland Zumbühl 23 u.r., 26 o., 43 u.r., 62 u.l., 120 o.r., 153 u., Arnaud Gaillard 24 o., 24 u., Louis-Garden 25 o., Adrian Böhlen 25 u., Jungpionier 27 o.l., Alexander Umricht 31 o., Papan05 31 u.l., Gulliveig 32 o.l., Julien29 36 u., Hadi 37 u., Sandstein 38 M., 146 o.l., 146 M.l., Johann Conrad Mayr 42 o., Eric Litton 42 u.l., Florian Hirziger 46 o., NASA 46 u., Seth Shostak 48 o., 48 M.l., Wattewyl 49 o.l., 119 o.l., Konrad Grob 56 o., Photoglob AG 56 u., 57 u.l., Lutz Fischer-Lamprecht 57 u.r., 58 u.r., 59 o.l., Patumbah 59 o.r., 59 u., Charles Gleyre 61 o., Petermann Etterlin 61 u., Albert Anker 62 o., Axel41 62 u.r., Diebold Schilling the Younger 63 o., 63 u., David Gubler 66/67 M., Dietrich Krieger 72 o.l., Badener 72 u., Parzi 76 o., Stibiwiki 76 u.l., 77 o.l., Filoump 77 u., Simone1986 78 o., Supermutz 80 o., g.sighele 80 u., Fabian Bolliger 81 o., Roland zh 81 u., 127 u.r., 171 o.l., Jorges 82 u., AlMare 83 M.l., The Yorck Project 83 M.r., 84 u.l., Berra 39 o., Andreas Praefcke 88 o., Bgvr 93 o., Nowic 93 u., Yesuitus2001 96 o., Markus Bernet 97 u.l., Ikiwaner 98 u., 126 r. 169 u., Borsic 100 o., Hölloch 100 u.l., Leyo 102 o.r., Kim Hansen 103 o., Uni Basel 103 u.l., Zsolt BARNA 104 M., Trebol-a 104 u., PD-USGov 107 o.r., 110 o.l., 110 o.M., 110 u.l., 110 u.M., Bundeskanzlei 111 o.l., Fernand Rausser 111 u., 112 o., sidonius 112 u.l., DidiWeidmann 113 u., 116 o.l., Paebi 116 o.r., Hans Asper 116 u.M., Sir Paul 116 u.r., 117 u., F. Jullien Genève 117 o.r., Time Life Pictures 118 o.l., Ferdinand Schmutzer 118 o.r., Alexander Flühmann 118 M., ETH Zürich 118 u., 119 o.r., Wladyslaw 119 u., Steve Nicklas 121 u., Yasu 122 o.l., World Economic Forum 122 o.M., Frank C. Müller 122 o.r., LapoLuchini 122 u., Heikenwaelder 123 o.r., Indrek Galetin 123 u., Stefan-Xp 126 l., messeturm-basel.ch 127 u.l., Squeaky Knees 132 u., Reto Stauffer 133 u., Dirk Goldhahn 135 o.l., Lutz H 135 o.r., Lothar Spurzem 135 M., 137 M., Thomas Küng 138 u., Plani 140 u.l., BrokenSphere 141 u.r., Lijian Zhang 144 M., Jean-Baptiste Daniel 144 o.r., chatani 145 o.l., Dr. Karl-Heinz Hochhaus 145 o.r., Roman Koch 145 u., Twenty-nine 146 u.l., Cactus26 147 o., Biovit 153 o., Greatpatton 154 o., GoodRJ 155 o., Chin tin tin 158 o.l., Andrew Bossi 158 u., Horemu 159 u.l., Guntershausen 159 r., Ensopegador 160 o., Kabelleger 160 u., 161 o.l., R20k 162 o., Julian Herzog 163 M., Raymond 165 o.r., Marco Zanoli 171 u., Standardizer 173 o.l., Hasse Karlsson 173 u., Rama 174 o.M., Amano1 174 o.r., Noop1958 175 o.r., Oblic 175 u., Nestlé 177 o.l., Pafcool2 177 o.r., 178 o.l., Ginkgo 178 u., Gdr 179 u.

Trotz sorgfältiger Recherchen konnten nicht alle Vorlagen eindeutig zugeordnet werden. Wir bitten gegebenenfalls um Nachricht. Berechtigte Honoraransprüche werden abgegolten.